미래에서 만나요!
채사장

2025. 4.

채사장의 지대넓얕

⑬ 철학의 두 갈래

글 채사장

책읽기를 좋아하는 평범한 사람이었던 채사장 작가님은 사람들과 지식을 나누는 대화를 하는 게 가장 재미있었어요. 이런 재미와 기쁨을 전하기 위해 2014년에 쓴 책 《지적 대화를 위한 넓고 얕은 지식》이 밀리언셀러에 오르며 인문학 도서 신기록을 달성했어요. 이후에도 다양한 책을 써서 독자들과 소통하고 있고, 강연을 통해 많은 사람들과 지식의 즐거움을 나누고 있습니다.

글 마케마케

오랫동안 그림책 작가와 어린이 책 편집자로 일하며 재미있는 이야기의 힘을 믿어 왔어요. 채사장님의 《지적 대화를 위한 넓고 얕은 지식》을 독자로 접하고 인문학이 삶을 바꿀 수 있다는 것을 실감하고는 어린이들에게 쉽게 전달하기 위해 알파의 이야기를 만들었어요. 매일 알파, 마스터와 함께 즐거운 지식 여행을 떠나고 있답니다.

그림 정용환

홍익대학교 산업디자인학과를 졸업하고 다양한 책과 매체에 일러스트 작업을 하였어요. 〈복제인간 윤봉구〉 시리즈, 《로봇 일레븐》, 《유튜브 스타 금은동》 등 다양한 어린이 책의 그림을 그렸으며 《슈퍼독 개꾸쟁》을 쓰고 그려서 제1회 '이 동화가 재미있다' 대상을 받기도 했지요. 어린이들이 교양을 익히고 더 나은 삶을 꿈꿀 수 있도록 이 이야기에 아름다운 그림과 색채를 입혀 주었답니다.

채사장의 지대넓얕 13
(지적 대화를 위한 넓고 얕은 지식)

초판 1쇄 발행 2025년 4월 30일

지은이 채사장, 마케마케
그린이 정용환
펴낸이 권미경
마케팅 심지훈, 강소연, 김재이
디자인 양X호랭 DESIGN

펴낸곳 ㈜돌핀북
등록 2021년 8월 30일 제2021-000179호
주소 서울시 마포구 토정로 47, 701
전화 02-322-7187 팩스 02-337-8187
메일 sky@dolphinbook.co.kr

ⓒ채사장, 마케마케, 정용환, 2025
ISBN 979-11-93487-21-1 74900
      979-11-975784-0-3 (세트)

이 책을 무단 복사·전재하는 것은 저작권법에 위반됩니다.
잘못 만들어진 책은 구입하신 서점에서 교환해드립니다.

채사장의 지대넓얕

지적 대화를 위한 넓고 얕은 지식

13 철학의 두 갈래

글 채사장, 마케마케
그림 정용환

지혜를 사랑하는 마음으로

안녕하세요? 채사장입니다.

저는 대중에게 인문학 강의를 하며, 책을 쓰고 있어요.

제가 난생 처음 쓴 책이 《지적 대화를 위한 넓고 얕은 지식》입니다. 바로 지금 여러분이 읽고 있는 이 책의 성인판, 여러분의 부모님도 선생님도 읽었을 책이지요. 첫 책인데도 아주 많은 사람들에게 큰 사랑을 받았습니다.

그런데 이 책은 사실, 어른이 되기 전에 읽어야 하는 내용이에요. 조금이라도 더 어릴 때 알면 좋은 내용! 그래서 어른이 아니어도 잘 읽을 수 있도록 이렇게 쉽고 재미있는 책으로 만들었습니다.

왜 저는 《지적 대화를 위한 넓고 얕은 지식》과 같은 인문학 책을 썼을까요?

대답을 위해 저의 어린 시절로 거슬러 올라가 보겠습니다. 저는 책을 읽지 않는 어린이였어요. 학교에서는 맨 뒤에 앉아 엎드려 잠만 자는 아이였지요. 세상과 사람에 대해서 통 관심이 없었어요. 그렇게 어영부영 고등학생이 된 어느 날, 너무 심심한 나머지 처음으로 책 한 권을 읽었습니다. 그 책은 소설 《죄와 벌》이었는데, 책을 읽고 저는 충격을 받았어요. 제 주변의 세계가 확 다르게 보였죠. 그때부터 저는 닥치는 대로 책을 읽기 시작했어요. 세계가 너무도 신기했고, 인간이 참으로 신비했죠.

하지만 성인이 될수록 세계를 더 잘 이해하기는커녕 도무지 이해할 수 없었어요. 왜 어떤 사람은 부자이고 어떤 사람은 가난할까? 왜 어떤 인간들은 약한 자들 위에 올라서고, 전쟁을 일으키는 걸까? 궁금했어요.

역사를 잘 살펴보니 그 답이 있었습니다. 오늘날 왜 경제에 의해서 세계가 좌지우지되는지 원인과 흐름을 이해할 수 있었죠. 인문학은 이렇게 세계를 보는 눈을 뜨게 해 줍니다.

진리와 지혜를 사랑하는 사람들은 눈에 보이는 현실에 만족하지 않고 끊임없이 인간과 세계에 대해 질문해 왔어요. 과학이 발달하기 시작한 근대 이후에도 질문들은 멈추지 않았지요. "어떻게 우리의 존재를 증명할 수 있을까?" "안다는 건 무슨 뜻일까?" "옳고 그름을 어떻게 판단할 수 있을까?" "우리 인생의 가치를 어디에서 찾을 수 있을까?"

이런 질문들은 여전히 우리 곁에 남아 있어요. 과학이 모든 것을 설명해 주는 듯한 이 시대에 오히려 필요한 건, 스스로 생각하고 질문하는 힘일지도 몰라요.

이 책에서 다루는 철학 이야기는 어른들에게도 어렵게 느껴질 수 있어요. 하지만 세상을 향해 순수하게 질문할 줄 아는 여러분이라면, 철학의 세계가 더 자연스럽게 다가올 거예요. 한 번에 이해가 되지 않아도 괜찮아요. 궁금한 부분에서 멈춰 생각해도 좋고, 흥미로운 생각에 마음을 활짝 열어도 좋아요.

자, 그럼 우리 삶의 나침반이 되어 줄 철학의 세계로 지금부터 저와 함께 떠나 볼까요?

2025년 봄에, 채사장

차례

프롤로그 두 줄기의 빛 · 11

1 합리주의
데카르트의 꿈 ·········· 21
- 채사장의 핵심 노트 근대의 아침이 밝았다 ········ 46
- 마스터의 보고서 합리론을 이끈 철학자 ········ 47
- Break time 다른 그림 찾기 ········ 48

2 경험주의
베이컨과 함께 아침을 ·········· 49
- 채사장의 핵심 노트 아는 것이 힘이다 ········ 70
- 마스터의 보고서 경험론을 이끈 철학자들 ········ 71
- Break time 귀납법과 연역법 ········ 72

3 관념주의
칸트의 특별한 수업 ·········· 73
- 채사장의 핵심 노트 오랜 논쟁이 종결되다 ········ 98
- 마스터의 보고서 칸트의 생애와 철학 ········ 99
- Break time 숨은 그림 찾기 ········ 100

4 회의주의
신은 죽었다 101

- **채사장의 핵심 노트** 니체가 서구 사회를 비판하다 124
- **마스터의 보고서** 포스트모더니즘이란 무엇인가? 125
- **Break time** 내 하루가 영원히 반복된다면? 126

5 실존주의
사르트르의 우산 127

- **채사장의 핵심 노트** 다양하고 다채로운 이념과 사상 152
- **마스터의 보고서** 현대철학을 이끈 철학자들 153
- **Break time** 가로세로 낱말풀이 154

(에필로그) 지금, 여기, 내 삶에서 · 155

최종 정리 160
철학 편 총정리 162

등장인물

채

근대 이후의 철학 모험을 떠나는 지식카페의 사장.
알파를 찾아 다른 행성까지 왔지만,
그의 친구는 지구로 돌아가지 않고
자신의 행성에 남겠다고 선언한다.
채는 속상했지만 알파가 인간에 대해
배워 나가도록 묵묵하게 돕는다.
알파, 피노와 함께 철학사를 되돌아보며
철학은 다름 아닌 인간에 대한 탐구라는 것을
깨닫는 채. 어둡고 우울한 중세의 가을을 겪으며
이성의 빛이 인류를 밝힐 날을 기다렸고,
마침내 과학사 여행에서 만났던 데카르트를
특별한 방식으로 다시 만난다.

알파

인간의 진화를 돕기 위해 지구에 파견되어 고대와 중세,
근대와 현대까지 인류의 역사를 온몸으로 살아 낸 쪼렙신.
중간 레벨의 신으로 승격된 후엔 지구를 닮은
행성을 창조하였다. 그러나 그의 행성에 인간이
나타나지 않자 인간에 대해 탐구해 보고자 철학 여행을
시작한다. 소크라테스, 플라톤, 아리스토텔레스,
중세의 스콜라 철학자들까지, 위대한 스승들에게
철학을 배우면서 중간중간 두고 온 행성을 떠올리는 알파.
모험을 이어 나갈수록 그는 신적 능력이 점점 차오르는
것을 느끼는데……. 과연 알파의 행성에도 인간이
나타날 수 있을까?

피노

다른 차원의 신호를 감지하기 위해 만들어진 로봇.
로봇이지만 그 어떤 인간보다 감정이 풍부하고
마음이 여리다. 그의 오랜 소원은 바로
인간이 되는 것. 그러려면 인간이 무엇인지부터
알아야 했다. 피노는 철학 여행을 통해 반짝이는
인류의 이성과 지혜에 탄복하지만
전쟁과 학살이 반복되는 중세 시대에
크게 상처를 받는다.

데카르트, 베이컨, 칸트, 니체, 사르트르

중세의 어두움이 지나고 근대와 함께 등장한
다양한 사상가들. 이들은 합리론과 경험론으로
철학을 발전시켰고 이후 현대철학의
새 장을 열기도 한다.

이 책을 읽는 방법

이 책은 어른들을 위해 처음 만든 《지적 대화를 위한 넓고 얕은 지식》을 어린이들도 볼 수 있게 만든 책이에요. 많은 지식들을 하나의 흐름으로 정리해 주는 책이죠. 여러분만의 특별한 독서법을 통해 이야기 속에 숨어 있는 지식과 그 지식을 꿰뚫는 통찰을 발견하면 좋겠어요.

Step 1 이야기에 집중하기

처음 읽을 땐 일단 순서대로 이야기를 따라가는 데 집중해 보세요. 이야기 속 인물들은 철학의 역사를 훑어보며 다양한 학자들을 만나고 있어요. 인물들의 생각과 심리를 잘 살펴보고 "왜 그랬을까?", "이럴 때 어떤 마음이 들었을까?" 같은 질문을 던져도 좋아요. 어려운 단어나 모르는 내용이 나오면 멈춰서 찾아봐도 되지만 일단은 계속 독서를 진행해도 괜찮답니다.

Step 2 핵심 단어와 흐름 찾기

총 5화에서 펼쳐지는 이야기들은 근대부터 현대까지 철학사의 주요 개념을 다루고 있어요. 각 철학자들의 주장과 철학 사조를 세부적으로 꼼꼼히 보는 것도 중요하지만 이 책에서는 절대주의, 상대주의, 회의주의라는 세 가지 관점으로 철학사의 기본 틀을 성글게 알아볼 거예요. 이야기 속에 등장하는 철학자들의 말 속에 숨어 있는 핵심 단어를 찾고, 어떤 관점을 가지고 있는지 생각하면서 읽어 보세요. 물론 처음부터 파악하기엔 쉽지 않을 거예요. 그러나 여러 번 책을 읽고 정보 페이지를 활용하면 개념에 익숙해질 거예요.

Step 3 지적 대화 나누기

"이성과 경험 중에 무엇이 더 도움이 될까?"
"이 철학자는 왜 이런 생각을 갖게 되었을까?"
"내가 당시에 살았다면 어떤 입장을 취했을까?"
"과거의 철학 중에서 지금 우리에게 적용할 수 있는 건 무엇일까?"
책을 읽다 보면 여러 가지 의문점이 생길 거예요. 그리고 여러 번 꼼꼼하게 읽거나 다른 자료를 찾아보면 어느 정도 의문점이 해소될 수도 있을 거고요. 이렇게 내가 궁금했던 것, 발견한 내용에 대해 친구들이나 부모님과 이야기해 보세요. 토론을 통해 책을 읽은 것보다 더 큰 기쁨과 지혜를 만날 수 있을 거예요. 책의 마지막 장을 덮은 후에도 우리의 이야기는 계속 이어질 테니까요.

두 줄기의 빛

많은 사람들은 중세를 암흑의 시기라고 말해.

그러나 알파 일행이 만난 중세는 그렇게 암담하지 않았어. 신을 향한 사랑과 인간의 이성이 함께 만든 새로운 지혜가 눈부시게 반짝이는 시절이었지.

마치 깜깜한 밤길을 걷고 있지만 고개를 들어 마주한 하늘엔 별들이 총총 떠 있는 것처럼 말이야.

그러나 유럽에 흑사병이 찾아오자, 어둡고 슬픈 날들이 계속되었어.
전염병은 유럽 인구의 3분의 1 이상을 죽음으로 내몰았지.
도시 자체가 마치 거대한 무덤 같았어.

살아남은 사람들의 삶도 피폐하긴 마찬가지. 부패한 성직자들은
의미 없는 전쟁을 일으켰고, 귀족들은 가난한 백성들을 쥐어짰어.
하늘의 별처럼 반짝였던 중세의 철학은 찾아보기 어려웠지.

흑흑, 사람들은 더 이상 이성을 찾지 않아요.
인간들은 아름답지 않다고요.

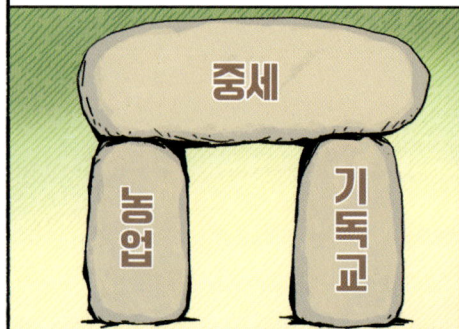

　시간이 지나자 전염병은 조금씩 사그라졌고, 인간의 소중함을 깨달은 예술가들은 활동을 시작했지.

　다빈치, 미켈란젤로, 라파엘로와 같은 위대한 작가들은 신이 아닌 인간의 아름다움을 표현했고, 긴 세월 동안 움츠러들었던 과학도 다시 고개를 들었어. 코페르니쿠스와 갈릴레이 같은 학자들이 하늘을 올려다보며 금기시되었던 진리를 탐구하기 시작한 거야!

그렇게 인간의 사고와 세계관이 조금씩 바뀌자 무려 천 년 동안 꼼짝 않던 중세의 질서도 드디어 무너져 내렸어.

채 일행이 걷고 있는 가상 세계도 마찬가지였어. 깜깜한 암흑 속에서도 희미한 빛이 그들을 이끌고 있었지.

"뭐? 합리주의, 경험주의? 그건 또 뭐야? 우린 어디로 가야 하는 건데? 둘 중 뭐가 맞아?"

알파는 당황하여 물었어.

"그, 글쎄요. 둘 다 모두 진리를 찾기 위한 방법들이에요! 합리주의는 이성과 논리를 통해 진리를 발견할 수 있다고 주장했고, 경험주의는 감각적 경험을 통해 지식을 얻을 수 있다고 주장했어요!"

만약 이 길들이 정말 진리를 찾는 길이라면, 언젠가는 하나로 만나지 않겠어?

채와 피노도 빙그레 미소를 지었지.

맞아요. 비록 중간에 갈라지더라도 하나의 목적지를 향해 나아가는 여정이란 건 틀림없으니까요.

"그럼 채, 피노! 행운을 빌어!"

"그래요, 알파. 꼭 다시 만나요."

"알파 님, 몸조심하셔야 해요~!"

그들은 간단하게 인사를 나누고 갈라진 길을 따라 씩씩하게 나아갔어. 채와 피노는 오른쪽으로, 알파와 마스터는 왼쪽 길로 향했지. 이들은 자신의 발밑을 비추는 빛을 따라 뚜벅뚜벅 담대하게 걸어갔어. 그들 앞에 또 다른 차원의 문이 활짝 열리길 기대하면서.

데카르트의 꿈

　차원의 문을 열고 나온 채와 피노를 맞이한 것은 뜻밖의 거센 바람이었다. 힘겹게 발을 떼어 앞으로 나아가자 사람이 없는 황량한 거리에 쓸쓸하게 서 있는 건물이 보였다.

　"중세 시대 예수회에서 운영하던 기숙사 학교 같아요."

　피노의 말에 채도 무언가 대답하고 싶었지만 거센 바람 탓에 목소리가 잘 나오지 않았다. 사실 바람 때문에 가만히 서 있기도 힘들 지경이었다.

　그 순간 저 멀리서 사람의 형태가 보였다. 그 역시 바람에 몸을 제대로 가누지 못하고 휘청거리고 있었다.

'이 날씨에, 도대체 누구일까?'

채는 이 바람 속에서 앞으로 나아가는 행인이 누구인지 궁금하여 가늘게 실눈을 뜨고 그를 바라보았다. 그때였다. 별안간 하늘에서 사람의 목소리가 울리는 것이었다.

소리는 계속 들려왔다.

'아아, 무슨 바람이 이렇게 부는 거지? 그런데 저 사람들은 뭐야? 어떻게 이 바람 속에서도 끄떡없이 잘 서 있는 거지?'

마치 이 공간에 커다란 스피커라도 있는 듯 소리는 또렷하게 울려 퍼졌다.

이상할 정도로 익숙한 목소리였다. 목을 길게 빼고 남자의 얼굴을 확인한 채는 깜짝 놀랐다.

'저, 사람은……!'

채는 리사와 피노와 함께 알파의 신호를 찾아 떠난 과학사 여행이 떠올랐다. 네덜란드 군대의 한 막사 앞에서 마주쳤던 잊을 수 없는 그 얼굴, 바로 데카르트였다. 그 순간 지금까지의 것과는 상대가 안 되는 강력한 바람이 불어 닥쳤다.

침대에 누워 있던 데카르트는 놀라 눈을 번쩍 떴다.

'하아, 꿈이었구나.'

데카르트는 콜록콜록 마른기침을 해 대며 방금 꿈에서 본 장면을 떠올리려고 애를 썼다. 꿈속에서 그는 분명 어린 시절 다녔던 학교, 라 플레슈 근처를 걷고 있었고 거센 바람에 버티고 서 있는 것조차 힘들었다. 그런데 그 주변에 서 있는 다른 행인들은 힘겨워하면서도 제법 똑바로 서 있었다. 문제는 그 행인이 익숙하게 느껴졌다는 것이었다. 어디선가 많이 본 느낌이었다. 그 사람은 누구였을까? 왜 이 순간 내 꿈속에 나타난 걸까?

생각해 내고 싶었지만 며칠째 심한 감기로 체력이 떨어진 몸은 그의 뜻을 쉽게 따라 주지 않았다.

그는 베개에 무거운 머리를 스르륵 묻었다. 다시 빠르게 잠이 그를 끌어당겼다.

하늘에서 번개가 번쩍이고 땅이 무너질 것 같은 천둥소리가 들리자 데카르트는 두려워 몸을 떨었다.

'이 땅에 신의 저주라도 내린 것일까?'

세상 모든 것이 파괴될 것 같아 그는 몸을 한껏 숙이고 신에게 용서를 빌었다.

조금 전 꿈에서 본 사람들이 데카르트에게 말을 건네고 있었다.
"무서워할 필요 없어요. 번개는 신의 저주가 아니거든요."
작은 꼬마는 활짝 웃으며 말했다.
"이건 그냥 대기 속 전기들의 불균형 때문에 발생하는 현상일 뿐이에요."

데카르트는 용기를 내어 똑바로 하늘을 올려다보았다.

'그래, 보이지 않는 물방울과 얼음 입자 사이에 전기를 발생시키는 무언가가 있다는 얘기야! 그리고 그들의 강력한 충돌로 에너지가 발생한 거야!'

생각에 여기에 닿자, 두렵게만 느껴졌던 자연이 탐구해야 할 흥미로운 과제처럼 다가왔다.

"과학의 눈으로 세상을 보면 두려울 게 없어!"

　용수철에서 튕겨 나오듯 데카르트는 몸을 일으켰다. 또 꿈이었다. 땀을 많이 흘렸는지 베개가 푹 젖어 있었다. 그는 이번에도 꿈 내용을 기억해 보려고 노력했다. 그나마 연달아 잘 잔 덕분일까? 몸이 조금은 개운해진 것 같았다. 여전히 목이 좀 칼칼하고 코가 맹맹했지만 말이다.

　여기는 독일 울름의 인적 드문 마을. 군인 데카르트는 아무도 없는 오두막에서 혼자 앓고 있는 중이었다. 전쟁이 끝나고 군대로 돌아가는 도중 감기에 걸리자, 그는 부대원과 헤어져 어쩔 수 없이 이곳에 머물러야 했다.

 이따금 격렬한 꿈을 꾸다 낮잠에서 깨어나 고요한 세상을 마주할 때가 있다. 그럴 땐 어쩐지 마음이 차분해지고 공허함이 느껴지기도 한다. 갑자기 나는 누구인지, 인생이란 무엇인지 생각에 잠기게 되는 순간⋯⋯. 데카르트에겐 지금이 바로 그런 순간이었다.

"하아, 이쪽은 쳐다보지도 않네요."

피노는 작은 손으로 창문을 콩콩 두드리며 말했다.

"그러게 말이야. 잠깐 몸 좀 녹이려고 했는데."

채는 추워서 몸이 다 으슬으슬 떨렸다. 차디찬 칼바람이 목덜미를 스치자 채도 더 이상 참을 수가 없었다.

채는 주먹으로 창문을 쾅쾅 두드렸다.

"콜록콜록."

데카르트는 몇 차례 더 기침을 하더니 순순히 문을 열어 주었다. 채와 피노는 꾸벅 감사의 인사를 하고는 그의 집으로 들어왔다. 벽난로 덕분에 집 안에는 훈훈한 열기가 느껴졌다.

"저희가 밖에서 창문을 한참 두드렸는데 소리가 잘 안 들리셨나 봐요."

채가 묻자 데카르트는 그의 얼굴을 빤히 쳐다보는 것이었다.

집요하게 기억하려 애쓸 줄 알았는데 데카르트는 이번에도 얌전히 고개를 끄덕였다.

"하긴, 저도 제 기억을 믿기 어렵네요. 좀 전에는 사람을 큰 새로 잘못 보지 않나, 창문 두드리는 소리도 못 듣지 않나, 며칠째 코가 막혀서 냄새도 잘 못 맡아요."

데카르트는 피식 웃더니 포기한 듯 중얼거렸다.

"보고, 듣고, 냄새 맡는 기본적인 감각조차 믿을 수가 없는데 대체 뭘 믿을 수 있겠습니까?"

"꼬마가 대단하구나."

데카르트는 피노를 보며 빙그레 웃더니 그의 앞에 앉았다. 그리고는 진지한 얼굴로 중얼거렸다.

"그런데 만약에, 만약에……, 사악한 악마가 나를 유혹하여 이 수식의 답을 바꾸어 버릴 수도 있잖아. 그러면 어쩌지?"

느닷없이 악마가 등장하는 게 조금 당황스럽긴 했지만, 지금은 중세 시대 아닌가. 채가 데카르트를 보며 물었다.

"선생님은 지금 아주 당연한 지식마저 의심하고 계시는군요."

"요 근래 저는 이 문제에 대해 계속 생각하고 생각하고 생각했습니다. 세상 모든 것을 의심하고 의심하고 또 의심했죠. 그러다 보니 딱 한 가지만은 진실이라는 것을 알게 되었어요."

　너무 오랫동안 이 오두막에 격리되었기 때문일까? 데카르트는 갑자기 찾아온 낯선 사람과 대화를 나눌 수 있는 이 상황을 신나게 느끼는 것 같았다. 며칠 동안 생각했던 많은 것들을 와르르 쏟아 낼 정도로 말이다.

　"인간은 불완전합니다. 그런데 우리 안에는 '신'이라는 완전하고 절대적인 개념이 있어요. 그건 외부에서 누군가 이 개념을 주입했기 때문이에요. 주입한 존재가 바로 신이겠지요? 그러니 '신'이 존재한다는 걸 증명할 수 있어요. 신이라는 개념 자체가 완벽하니 그 완벽엔 성실함도 포함됩니다. 성실한 신은 속임수를 쓰지 않으니 이 세계를 분명히 존재하게 할 거예요!"

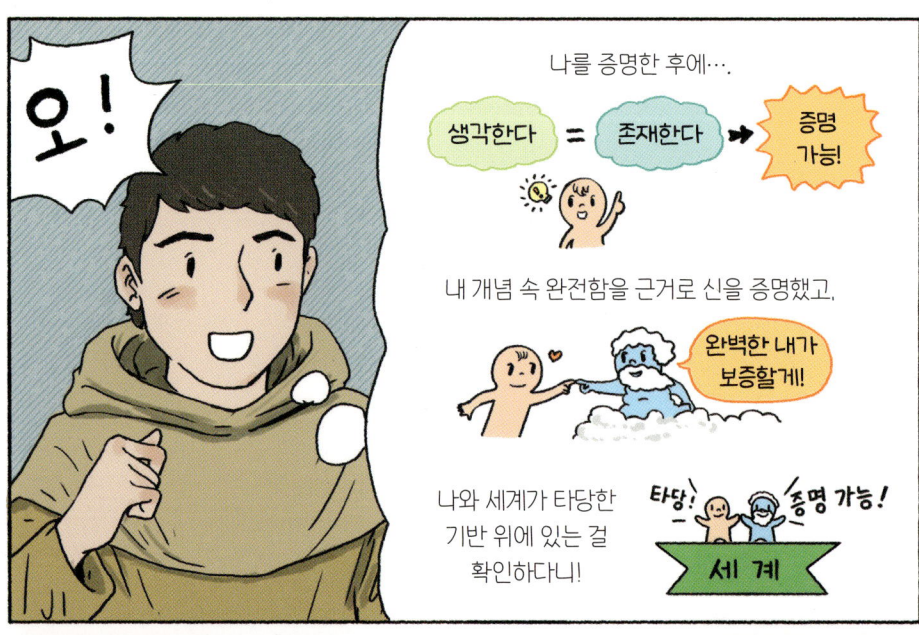

"저는 한낱 군인이었지만 늘 궁금했습니다. 가톨릭과 개신교는 서로의 교리를 진리라고 주장하며 몇 년째 지루한 전쟁을 하고 있는데, 과연 무엇이 진리일까요? 어떻게 내가 보고, 듣고, 생각하는 것을 진짜라고 믿을 수가 있을까요?"

데카르트는 다시 멍하니 생각에 잠겼다.

"사실, 당신들이 오기 전에 이상한 꿈을 연달아 두 번이나 꾸었습니다. 그런데 지금 이 상황조차 의심이 되는군요. 어쩌면 이것 또한 꿈속은 아닐지……."

'대체 이게 무슨 일이지? 지금 이 상황이 꿈속이라고?'

데카르트는 너무 놀라 주변을 두리번거렸다. 현실과 똑 닮았으면서도 모호하게 몽환적인 것이 정말 아까부터 꿈을 꾸는 기분이었다. 그는 당황하여 비틀거리면서도 아이가 지시한 대로 책을 향해 걸어갔다. 가만히 보니 책 한 권은 사전, 다른 한 권은 시집이었다.

데카르트는 다시 화들짝 놀라 잠에서 깨어났다. 그들의 말대로 이 또한 꿈이었다. 벽난로 옆 의자에 앉았다가 깜빡 잠이 든 모양이었다. 도대체 얼마나 오래 잠들었던 것일까?

벽난로는 타닥타닥 소리를 내며 타들어 가고 있었고, 마시다 만 커피는 차갑게 식어 있었다. 그리고 주위엔 그 누구도 없었다. 데카르트는 콜록콜록 몇 번 더 기침을 하더니 조금 전까지만 해도 책이 펼쳐져 있던 테이블에 가만히 손을 대 보았다. 그의 심장이 존재를 알리는 듯 빠르게 뛰고 있었다.

며칠 계속 흐리더니 드디어 날이 갠 모양이었다. 환한 햇빛이 창 안으로 들어왔다. 스물세 살의 청년 데카르트가 학문의 길을 걷기로 결심한 역사적인 순간이었다.

근대의 아침이 밝았다

○ 근대 철학의 두 갈래

중세가 저물고 근대가 동터 오면서 신이 아닌 인간이 중요하게 여겨졌어요. 중세 시대에 종교가 진리를 담당했다면 근대부터는 철학이 그 역할을 대신하게 되었지요. 하지만 시대가 바뀌어도 진리에 대한 입장은 여전히 '절대주의'와 '상대주의'로 나뉘어 있었어요. 중세의 보편 논쟁에서 절대주의를 대표하던 '실재론'과 상대주의를 대표한 '유명론'을 기억하나요? 근대에는 합리론과 경험론이 그 논쟁을 이어받았어요.

○ 존재론과 인식론

합리론과 경험론은 '어떻게 진리에 도달할 수 있는가?'라는 질문에 대한 대답이라고 할 수 있어요. 이처럼 철학의 여러 분야 중에서도 진리에 도달하는 방법을 탐구하는 분야를 '인식론'이라고 해요. 반면, '진리가 무엇인가?'라는 물음에 답하는 분야를 '존재론'이라고 하지요.

- 존재론 : 진리가 있는가?
- 인식론 : 진리를 어떻게 아는가?
  - 이성으로 → 합리론
  - 경험으로 → 경험론

○ 절대주의 - 합리론

합리론자들은 절대적이고 보편적인 진리를 추구했어요. 그리고 인간의 이성으로 진리에 도달할 수 있다고 보았지요. 데카르트는 누구도 의심할 수 없는 확실한 진리가 필요하다고 생각했어요. 그래서 반대로 모든 것을 의심해 보았고, 마침내 도저히 의심할 수 없는 하나의 진리를 발견했어요. 바로 "나는 생각한다. 나는 존재한다."라는 사실이었어요.

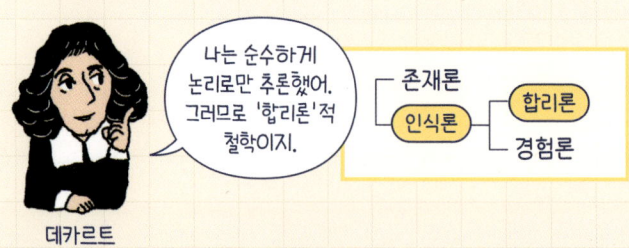

데카르트

합리론을 이끈 철학자들

르네 데카르트

근대 철학의 아버지 데카르트는 1596년 프랑스 라에이에서 태어나 기숙 학교에서 어린 시절을 보냈다. 하지만 학교에서 배우는 스콜라철학은 그에게 고리타분하게 느껴질 뿐이었다. 청년이 된 데카르트는 더 넓은 세계를 경험하고자 네덜란드 군대에 입대했다. 당시 네덜란드는 유럽 중에서도 다양한 지식과 사상에 열려 있는 분위기였다. 다행히 전쟁이 없던 시기였고, 그는 군대에서 수학과 물리학 연구에 집중할 수 있었다. 군 복무 중이던 어느 날, 그는 병에 걸려 오두막에서 홀로 지내게 되었고, 그때 세 가지 기이한 꿈을 꾸었다. 첫 번째 꿈에서 그는 어린 시절 학교에서 폭풍을 만났고, 두 번째 꿈에서는 천둥과 번개 속에서 두려움에 떨었다. 세 번째 꿈에서는 시집과 백과사전 두 권이 놓여 있었는데 시집을 펼치자, "내 삶에서 어떤 길을 갈 것인가"라는 문장이 보였다고 한다. 이 경험 이후, 그는 학문에 전념하기로 결심하고 군대를 떠났다. 1637년, 그는 《방법서설》에서 '나는 생각한다, 나는 존재한다.'라는 명제를 발표하며 철학적 기틀을 마련했다.

스피노자

바뤼흐 스피노자는 1632년 네덜란드 암스테르담의 유대인 가정에서 태어났다. 그는 전통적인 유대교의 가르침에 늘 의문을 품었고, 결국 신을 부정했다는 이유로 유대 공동체에서 파문 당하기에 이른다. 스물다섯 살 나이에 사회로부터 완전히 소외당한 그는 생계를 위해 렌즈를 가는 일을 하면서 홀로 연구를 이어 나갔다. 스피노자는 신과 자연을 별개로 보지 않고, 신이 곧 자연이며 세계 그 자체라는 '범신론'을 주장했다. 스피노자의 철학은 기존 종교관과 대립하며 격렬한 비판을 받기도 했다. 스피노자는 대표 저서 《윤리학》에서 이성을 통해 삶을 이해하고, 진정한 자유를 얻을 수 있다고 보았다. 그는 44세의 이른 나이에 폐병으로 사망하였는데 렌즈를 갈다가 생긴 유리 가루를 너무 많이 마셨기 때문인 것으로 추측되고 있다.

> 나는 무신론자가 아니야. 다만 온 세상이 곧 신이라고 생각했을 뿐.

Break Time
다른 그림 찾기

꿈속에서 책장을 펼쳐 본 데카르트! 채와 피노가 그 장면을 목격하고 있어. 두 그림의 다른 부분이 10 군데 있다는데 한번 찾아보자!

2 경험주의

베이컨과 함께 아침을

"오오, 알겠다! 여긴 셰익스피어가 활동하던 당시의 영국 런던인가 보군."

알파는 자기가 있는 이곳이 어디인지 대충 짐작할 수 있을 것 같았다. 스스로의 추리력이 뿌듯했는지 알파의 어깨가 절로 치솟았다. 알파는 신문지의 다른 면도 뒤적거려 보았다.

알파는 그중 흥미 있어 보이는 기사의 내용을 꼼꼼히 보았다. 왕실 법정에서 뇌물을 받은 베이컨이란 대법관이 런던탑에 갇혔지만 금세 풀려났다는 소식이었다. 신문을 읽던 알파는 피식 웃었다.

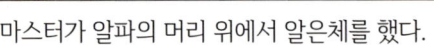

갑자기 들려온 엄청난 진동에 마스터는 몸을 부르르 떨었다.
"이게 무슨 소리야? 갑자기 천둥인가?"
그러자 알파가 울먹이며 대답했다.
"그거…, 내 배에서 나는 소리야. 너무 배고프단 말이야!"
하긴, 아침식사를 할 시간이 훌쩍 지나 있었으니 그럴 만도 했다. 그런데 이 낯선 도시에서 어떻게 음식을 구해서 먹는단 말인가. 배고프고, 춥고, 이게 무슨 꼴인지!

알파와 마스터는 자석에 끌리듯 그 남자를 따라 식료품점 안으로 들어갔다. 베이컨을 닮은 남자도 배가 고팠는지 소시지와 빵을 부지런히 바구니에 담고 있었다.

알파는 남자의 뒤를 졸졸 따라다녔다. 남자도 신경이 쓰이는지 힐끔힐끔 알파를 쳐다보았다.

"저기요!"

알파가 부르자 남자는 퉁명스럽게 알파를 쳐다봤다.

"뭐요? 아까부터!"

처음 보는 사람에게 아무 말이나 마구 해 대는 알파의 엉뚱함이 오히려 마음에 들었는지 베이컨은 껄껄 소리내며 웃었다. 얼마나 웃었는지 눈물까지 닦아 낼 정도였다.

"하긴, 당신 너무 빈곤해 보이는군. 물질적 풍요도 중요하지만 정신의 영양 상태도 중요하거든. 좋소! 내가 몸과 정신의 배고픔을 채워 주지! 따라오시게."

베이컨은 값을 계산하더니 알파를 그의 집으로 안내했다.

베이컨은 런던 변두리의 조그마한 집으로 들어가더니 주방에서 직접 요리를 하기 시작했다. 한때는 대저택에서 하인을 두고 살았던 베이컨이었지만 여러 일을 겪은 후에는 단순하고 조촐한 삶을 살기로 결심한 모양이었다.

그는 주방에서 소시지를 굽고, 계란을 삶았다. 알파에게 홍차를 따라 주고 구운 빵을 내어 주는 것도 잊지 않았다.

평범한 영국식 아침식사였지만 길고 지루한 중세의 궁핍함에 지쳐 있던 알파는 이성을 잃고 눈앞의 음식들을 해치우기 시작했다. 베이컨은 빈 그릇을 채워 주며 빙그레 웃었다.

"어때, 입에 좀 맞나?"

베이컨도 알파의 옆에 앉아 식사를 시작했다. 그는 나이프로 소시지를 자르며 말했다.

"우리 영국의 많은 것들이 바뀌고 있다네. 100년 전만 해도 이 나라 대부분의 사람들은 흙집에 살면서 딱딱한 빵을 먹었지. 하지만 지금은 아무리 시골 사람이라도 다들 벽돌로 만든 집에 살며 부드러운 모직 옷을 입고 있어."

배는 조금씩 불러 왔고 따뜻한 홍차의 향은 향긋했다. 베이컨은 기분 좋은 듯 계속 말을 이었다.

"인류는 진보하고 있어. 우리는 더 많은 것을 알아 갈 거야."

알파는 지식을 중요하게 여겼던 아리스토텔레스가 생각났다. 아리스토텔레스가 살아서 근대의 유럽을 볼 수 있었다면, 지식과 기술이 날마다 진보하는 모습을 기쁘게 생각했을 것이다. 알파는 홍차를 한 모금 마시면서 말했다.

"역시 우린 말이 좀 통하는 것 같네요. 제가 존경하는 아리스토텔레스 선생도 지식을 중요하게 생각하셨거든요."

그러나 베이컨은 쩝 소리를 내더니 대답하는 것이었다.

"흥, 아리스토텔레스? 나는 그 양반 별로야."

"네에에?"

"글쎄, 인류를 골방에 가둬 놓은 독재자 같다고나 할까?"

"연역법이란 본래 그런 것이지."

연역법. 일반적이고 큰 규칙에서 점점 작은 문제를 풀어 가는 방식을 말한다. 직사각형의 넓이를 구하는 공식을 알면 가로가 5cm, 세로가 3cm인 직사각형의 넓이도 구할 수 있는 것처럼 말이다. 큰 규칙이 확실하다면 문제를 푸는 과정도, 정답도 맞을 수 밖에 없다. 그러나 베이컨의 말처럼 연역법으로 새로운 지식을 알아내는 건 어려워 보였다.

알파는 베이컨의 말을 듣고 천천히 고개를 끄덕였다. 그렇다. 근대는 고대나 중세와 비교할 수 없을 정도로 많은 변화가 일어난 시기다. 이 시대를 온몸으로 겪어 온 알파였다.

자연의 비밀은 하나씩 밝혀졌고, 인류의 기술은 급속도로 발전했다. 인류는 태양계의 중심이 지구가 아니라는 것을 알아차렸고, 생명은 신이 흙으로 빚어 낸 것이 아니라 하나의 세포로부터 진화되었다는 것도 밝혀냈다.

300여 년 뒤 인류는 도시에 고층 빌딩을 세우고, 거대한 비행기도 띄우지요. 커다란 마트엔 온갖 식료품들이 가득 차게 됩니다.

하지만 이 모든 지식과 과학이 인류를 행복하게 만들어 주지는 못한답니다.

속으로만 조용히 인류의 미래를 떠올리는 알파였다.

알파는 아무 말없이 창밖을 내다보았다. 식사를 마무리하는 사이에 밖에는 눈보라가 휘날리고 있었고 바닥에 쌓인 눈은 이미 꽁꽁 얼어붙기 시작했다.

"세상에! 언제부터 눈이 내린 거죠?"

알파와 베이컨은 내리는 눈을 보기 위해 창가로 다가갔다. 하지만 눈 구경도 잠시, 외부로부터 한기가 몰려와 알파는 몸을 한껏 움츠렸다.

냉장고가 없는 시대였으니 사람들은 음식을 오래 보관하지 못했다. 채소나 고기는 온도가 맞지 않으면 금세 상해 버렸고, 음식을 잘못 먹고 질병에 걸리는 사람들도 많았다. 알파는 머리를 긁적이며 베이컨의 말에 대답했다.

 "뭐, 확실히 싱싱함은 오래 가겠지요? 보관만 잘 되면 더 많은 사람들이 배불리 먹을 수 있을 거고요."

 그러자 베이컨은 호탕하게 껄껄껄 웃었다.

 "역시 그렇지? 으하하, 그래! 내 당장 실험해 봐야겠어!!"

마스터는 씁쓸하게 말을 이었다.

"베이컨은 생닭을 얼음에 묻다가 심한 추위에 노출되었고, 독감에 걸리게 돼. 그런데 독감이 폐렴으로 발전해 상태가 심각해지지. 그리고 안타깝게도……, 결국 65세의 나이로 세상을 뜨고 말아."

"아아, 이럴 수가."

알파는 안타까운 얼굴로 그를 바라보았다.

아는 것이 힘이다

○ 상대주의 - 경험론

합리론자들은 인간의 이성과 논리만으로 진리에 도달할 수 있다고 믿었어요. 하지만 경험론자들은 그 생각에 반대했지요. 우리 주변에 실제로 존재하는 자연 세계를 보고, 만지고, 맛보며 얻은 경험만이 진정한 지식의 바탕이라고 본 거예요. 확실한 실험을 통해 얻은 자료만이 과학적 사실로 인정되는 것처럼요. 이 글을 읽는 여러분들은 '당연한 거 아니야?'라고 생각할지도 몰라요. 현대인들에겐 객관적 자료로 결과를 도출해야 한다는 주장이 당연하게 느껴지지요. 어쩌면 우리는 경험론이 승리한 세계에 살고 있는지도 몰라요. 하지만 근대 초기만 해도 이들의 주장은 혁명과도 같았어요. 경험론의 탐구 방법에는 신이 개입할 여지가 전혀 없었거든요. 경험론은 중세의 신 중심주의를 끝내고 근대 과학을 탄생시키는 데 중요한 역할을 했답니다.

○ 귀납법이란?

경험론을 대표하는 인물은 프랜시스 베이컨이에요. 그 유명한 '아는 것이 힘이다.'라는 말도 베이컨이 한 말이지요. 베이컨은 기존 학문을 비판했고, 그 대안으로 '귀납법'을 제시했어요.

귀납법 역시 아리스토텔레스가 체계를 세웠던 방법이에요. 하지만 아리스토텔레스는 귀납법보다는 연역법을 더 중요하게 생각했어요. 연역법은 일반적인 법칙에서 특정한 결론을 도출하는 방식이에요. 반대로 귀납법은 개별적인 사례를 모아 일반적인 법칙을 찾아내요. 연역법이 보편적인 지식에서 특수한 지식을 끌어낼 수 있다면 귀납법은 각각의 특수한 지식을 토대로 보편적 지식을 이끌어 낼 수 있어요. 베이컨은 연역법으로는 새로운 지식을 얻지 못한다고 주장했어요. 경험 자료에서 진리를 찾고자 했던 베이컨의 생각은 '경험론적 철학'이라고 볼 수 있어요.

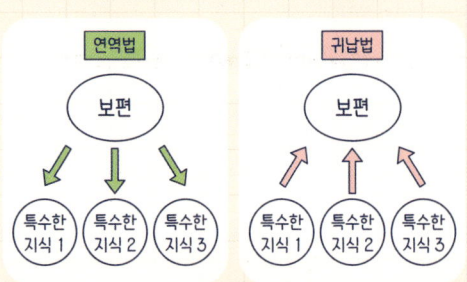

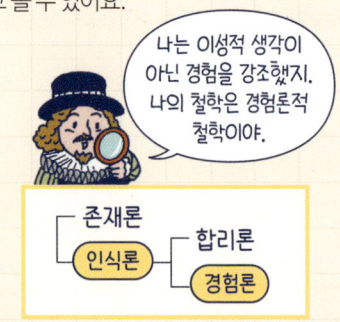

마스터의 보고서

경험론을 이끈 철학자들

프랜시스 베이컨

베이컨은 1561년 영국에서 태어났다. 그가 살던 시대는 르네상스가 끝나고, 과학과 철학이 빠르게 발전하던 시기였다. 하지만 여전히 많은 사람들이 아리스토텔레스의 가르침과 교회의 권위를 절대적으로 믿었다.

베이컨은 이러한 전통적인 사고방식을 깨고, 실험과 관찰을 통해 새로운 지식을 쌓아야 한다고 말했다. 특히, 그는 이론에만 치우쳐져 있는 기존의 철학을 비판하였고, 실험과 관찰을 통한 연구를 강조했다.

존 로크

로크는 1632년 영국에서 태어나, 청교도 혁명과 명예 혁명을 겪으며 성장했다. 사회적 혼란 속에서도 로크는 자유와 인간의 권리에 대해 고민했다. 그는 인간의 마음을 '빈 서판'에 비유하며, 사람은 아무런 지식도 없이 태어나지만 경험을 통해 배운다고 주장했다. 즉, 우리가 알고 있는 모든 것은 감각을 통해 얻어진다는 것이다. 또한 로크는 모든 인간은 태어날 때부터 자유롭고 평등하다고 보았으며, 정부는 국민의 동의로 만들어져야 한다고 주장했다.

데이비드 흄

흄은 1711년 스코틀랜드에서 태어났다. 당시 유럽에서는 과학 혁명과 계몽주의가 한창 진행 중이었고, 기존의 종교적 믿음을 넘어서 이성과 경험을 중시하는 철학이 주목받고 있었다. 흄은 경험론을 더욱 발전시켜, 우리가 믿고 있는 모든 것은 경험에 의한 것일 뿐 절대적인 진리가 아닐 수도 있다고 주장했다.

Break Time
귀납법과 연역법

보편적인 것에서 특수한 내용을 추출하는 연역법, 반대로 각각의 개체에서 보편적인 사실을 끌어내는 귀납법! 다음 예시들을 보고 연역법 방식의 생각이면 '연'이라고 쓰고, 귀납법식 생각이면 '귀'라고 써 줘.

- 수학 선생님들은 다 수학을 잘하신다. 우리 학교 수학 선생님도 수학을 잘하시겠지?

- 길가에서 본 벚꽃은 꽃잎이 다섯 장, 학교 앞에 핀 벚꽃도 꽃잎이 다섯 장, 공원에서 본 벚꽃도 꽃잎이 다섯 장이니까 벚꽃은 꽃잎이 다섯 장일 거야.

- 이 영화가 재밌다고 한 친구가 벌써 세 명이나 돼! 그러니까 영화는 정말 재밌을 거야.

- 모든 포유류는 폐 호흡을 해. 돌고래도 포유류니까 폐로 호흡하겠네.

- 전기차에는 엔진이 없어! 민규네 새 차는 전기차라고 했지. 그러니까 민규네 차에도 엔진이 없을 거야.

귀납법이 확실한 지식이 되려면 아주 많은 관찰이 필요하겠지?

칸트의
특별한 수업

　이른 새벽, 청년 칸트는 눈을 떠서 시간을 확인했다. 아직 동이 트지도 않았지만 그는 매일 이 시간에 일어났다. 단 한 번도 기상 시간을 어긴 적이 없었다. 그는 주전자에 물을 담아 난로 위에 올리고 어제 읽다 만 철학책을 꺼내어 다시 공부를 시작했다. 그는 페이지를 넘기다가 마른 얼굴을 쓸어내리면서 작게 중얼거렸다.

　"서양 철학의 인식론은 경험론과 합리론이라는 두 갈래의 길로 나뉘어 발전하고 있군."

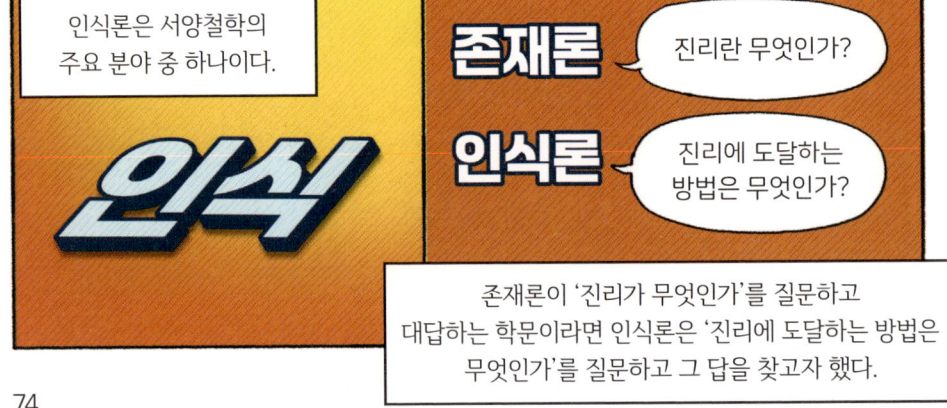

이와 같은 논쟁은 철학의 역사에서 아주 오랫동안 이어져 온 것이었다. 이미 고대 시대 플라톤과 아리스토텔레스부터, 중세 시대 실재론과 유명론, 그리고 근대의 합리론과 경험론까지…….

무려 2000년 넘게 이어진 두 갈래의 흐름이었다.

하지만 칸트는 생각했다.
'정말 둘 중 하나를 선택해야 진리에 도달할 수 있을까?'

달그락거리며 물 끓는 소리가 나자, 칸트는 생각을 잠시 멈추고 자리에서 일어났다. 그는 찬장을 열고 찻잎을 찾았으나 아쉽게도 차는 조금도 남아 있지 않았다. 모든 것을 미리미리 준비해 두는 성격이었지만 이번에는 봉급이 조금 늦게 들어온 탓에 식료품을 제때 준비하지 못했던 것이다.

그는 가난한 학자였다. 학업을 이어 가기 위해서는 학비와 생활비를 직접 벌어야 했다. 하지만 가정교사 일을 병행하면서 대학에서 강의도 하는 삶은 언제나 시간이 부족했다.

그는 지갑을 열어 보고 한숨을 쉬었다.

휴……, 이번 달 생활비도 빠듯하겠군.

칸트는 차를 사기 위해 얼마 없는 돈을 들고 나갔다. 당시 유럽의 위생 상 맹물을 그냥 마시는 건 위험했다. 아쉬운 대로 저렴한 허브 찻잎이나 곡물이라도 끓여 먹는 게 나았다.

독일의 작은 도시 쾨니히스베르크. 아침이 막 시작된 거리는 중세 시대의 분위기를 간직하고 있었다. 그는 주머니 속 동전을 잘그락거리며 철학의 두 가지 갈래에 대해 고민했다.

너무 이른 시간부터 서둘렀던 탓일까? 대부분의 가게들은 아직 문을 열지 않은 상태였다. 하지만 다행히 길모퉁이의 작은 상점에서 환한 불빛이 새어 나오고 있었다. 다가가니 시끌시끌한 소리도 들렸다. 이 동네에 죽 살아왔지만, 처음 보는 가게였다. 칸트는 발이 이끄는 대로 그곳을 향해 걸어갔다.

　파리나 런던 같은 유럽의 대도시를 중심으로 커피라는 음료를 마시며 사고를 나누는 카페라는 공간이 유행한다는 이야기는 익히 들은 적 있었다. 많이 대중화가 되었다고는 하나 가난한 칸트에게 커피는 사치품에 가까웠다. 하지만 카페 주인은 그의 속마음을 읽기라도 하듯 활짝 웃으며 반겼다.
　"오늘은 오픈 첫날이라 무료로 커피를 드리고 있어요."

아이는 방긋 웃으며 말을 걸었다.

"손님은 이 도시에서 아주 오랫동안 공부하셨나 봐요."

칸트는 깜짝 놀랐다. 실제로 그는 태어나서 지금까지 이곳 쾨니히스베르크를 떠난 적이 없었고, 생활고에 시달리면서도 학업을 포기한 적이 없었기 때문이다.

"그걸 어떻게 알았니?"

"아, 냄새로 알았어요. 손님에게서 책의 향기와 함께 쾨니히스베르크 특유의 중후한 향이 느껴졌거든요."

칸트는 킁킁거리며 자신의 옷에 배인 책 냄새를 맡아 보려 했지만 인간의 후각으로는 분간해 내기 어려웠다.

"어린 아이가 후각이 대단한 모양이구나."

"세상에……, 어떻게 이렇게 인간과 똑 닮은 기계가 세상에 존재할 수 있지?"

과학 기술이 빠르게 발전하고 있다고는 해도 이 정도일 줄이야. 칸트는 새삼 모든 것이 감탄스러웠다.

"저는 인간과 비슷하게 인식하고 사고할 수 있어요!"

카메라는 뭐고, 렌즈는 무엇이며, 소프트웨어는 또 뭔지……. 18세기 중반을 살아가는 칸트에게 아이의 말은 외계어처럼 들렸다. 하지만 다행히도 최근에 뉴턴의 책을 읽었기에 아주 조금은 이해할 수 있었다. 뉴턴은 인간의 눈이 어떻게 빛을 인식하는지 꽤나 정확한 연구를 해 두었기 때문이다.

정말 놀랍군요.
저도 사실 뉴턴이 연구한 내용을
철학적으로 해석하고 싶다고
생각했어요.

그런데 실제로 이런 기술을
만나게 되다니,
감격스럽네요.

칸트는 이들과 조금 더 깊은 이야기를 나누고 싶었지만 산책을 마치고 서둘러 일터로 나가야 할 시간이었다. 사실 늘 정해진 규칙에 맞춰 생활하는 그에겐 지금과 같은 티타임도 대단한 일탈에 속했다.

"커피, 정말 잘 마셨습니다. 신세를 지게 되어서 어쩌죠?"

흰 쥐를 어깨에 올린 남자는 간절한 목소리로 물었다.

"사실, 이 기계 친구가 인간이 되고 싶어 해요. 그러려면 인간이 무엇인지 먼저 알아야 하잖아요?"

칸트는 유난히 맑은 눈을 가진 기계 소년을 조용히 바라보았다. 이 아이가 인간이 되고 싶어 한다고? 푸른 머리의 남자는 계속 말을 이었다.

"근데 그게 참 어렵네요. 과연 인간이란 무엇입니까?"

일단 용기 내어 대답을 하고 나니, 칸트의 목소리에 조금씩 자신감이 붙었다.

"그래요, 인간은 이성을 통해 자유로운 사고를 할 수 있고, 미성숙한 상태에서 벗어날 수 있지요. 누구든 이성을 사용할 용기를 가지고 세상이 당연하다고 말하는 것을 그냥 받아들이지 않으며, 자신만의 답을 내고자 한다면……."

그가 바로 진정한 인간 아닐까요?

카페의 일행들은 칸트의 빛나는 답변에 잠시 말문이 막혔다.

"그러려면 이성이 무엇인지 알아야겠지요? 하하, 그것은 제가 꼭 밝혀내고 싶네요."

칸트의 뒤로 아침의 찬란한 햇빛이 눈부시게 빛나고 있었다.

그는 강의 시간에 맞춰 서둘러 대학으로 향했다. 임마누엘 칸트는 아직 교수의 자리를 얻지 못한 무급 강사였다. 무급 강사는 교수가 되기 전까지 대학에서 따로 봉급을 받지 않고 학생들의 수업료만으로 강의를 하는 선생님을 말한다.
　경제적으로 넉넉하지 않았기 때문에 생계를 위해서는 여러 과목을 가르쳐야 했다. 지리학 같은 경우는 칸트가 별로 좋아하는 과목은 아니었다. 하지만 그는 어떤 과목이든 정성을 다해 준비했고, 덕분에 그의 강의는 늘 인기가 많았다.

　학생들은 종이와 필기구를 들고 주변을 돌아다니며 주변 지형을 관찰하더니 어느 정도 시간이 지나자 각자 저마다의 지도를 그리기 시작했다.

　그런데 학생들의 지도는 제각각이었다. 분명히 같은 지형이었지만 누군가는 산을 크게 그리고, 누군가는 작게 그렸다. 중요한 건물을 과감히 생략한 그림도 있었고, 작은 것들까지 자세하게 그린 그림도 있었다.

지도를 완성한 학생들이 모이자 칸트는 질문을 시작했다.

"모두 같은 장소를 보고 그렸는데, 여러분의 지도는 조금씩 다르네요. 왜 이런 결과가 나온 걸까요?"

학생들은 서로의 그림을 비교해 보며 웅성거렸다.

칸트는 고개를 끄덕였다.

"다른 학생들은요?"

그러자 다른 학생이 머뭇거리며 대답했다.

"저는 강을 그리긴 했지만 위치 정도만 간단하게 표기했습니다."

 '눈의 감각은 그 빛을 전기적 신호로 변환하고 시신경을 통해 뇌로 보내지. 신호를 전달받은 이성은 정보를 종합하고 분석하여 그것을 이미지로 변환해.'

 칸트의 생각은 빠르게 이어졌다.

 '나는 사과를 보고 있다고 생각하지만 결국 내가 본 것은 실제 사과가 아니라, 이성이 그려 준 사과의 영상인 셈이야!'

칸트의 가슴은 알 수 없는 기쁨으로 벅차올랐다. 합리론과 경험론의 오래된 주장들을 정리할 만한 철학적 아이디어가 폭발하듯 피어나고 있었다.

'산책, 산책을 해야 해!'

머릿속이 여러 생각으로 복잡할 때, 칸트는 언제나 산책을 하곤 했다. 살면서 지금 이 순간만큼 산책이 절실했던 적이 없었다. 그는 학교 정원과 연결된 숲속 오솔길을 걸으며 거칠게 솟아 나오는 모든 생각들을 정리하고자 했다.

그는 서둘러 학생들과 인사하고 산책길에 올랐다. 얼마나 걸었을까? 바스락 소리만이 숲길에 조용히 퍼질 때였다.

칸트는 성큼성큼 그들에게 다가가 밝은 얼굴로 말했다.

"여러분, 여러분 덕분에 제가 알아냈습니다! 경험론과 합리론, 두 가지 중 하나를 반드시 선택해야 하는 건 아니에요. 제 말을 들어보세요."

알파와 피노도 칸트의 말에 귀 기울였다.

칸트는 상기된 표정으로 말을 이었다.

"사과든, 나무든, 우리 이성이 보여 주는 현상을 실제라고 착각하면서 '본다'고 말하는 거예요. 하지만 우리가 보는 것은 이성이 재구성한 세계일 뿐 외부에 존재하는 세계와는 결코 닿을 수 없는 것들이라고요."

칸트는 지나치게 반응하는 두 사람을 겨우 달랬다.

"아니, 꼭 그렇다는 건 아니에요. 다행히 우리 인간들은 모두 동일한 세계를 보고 있으니까요."

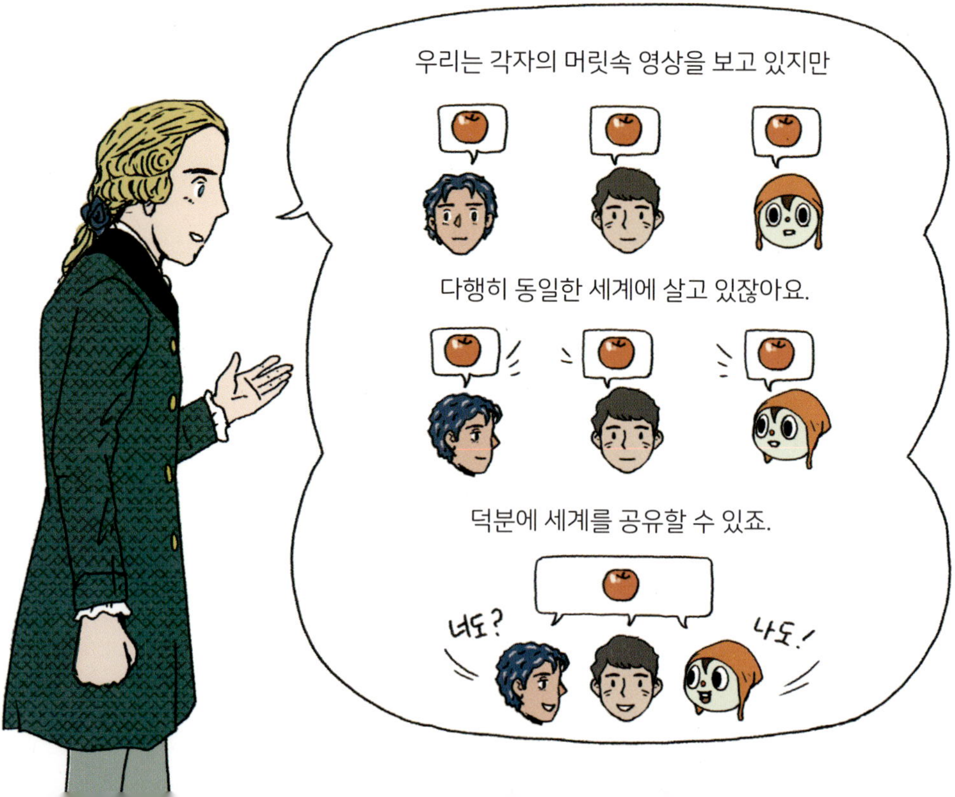

칸트는 그들을 똑바로 쳐다보며 은은한 미소를 지었다.

"하지만 우리 인간의 사고 구조는 같잖아요? 그 사고의 형식을 분석하다 보면 다 함께 진리로 갈 수 있을 거예요."

그렇다. 중요한 건 인간의 사고 형식이었다.

칸트가 합리론과 경험론의 문제점을 극복하면서 이 모든 것을 관념론으로 통합시킨 순간이었다.

알파가 떨리는 목소리로 말했다.

"우와, 인간과 세계의 관계를 완전히 뒤집어 놓으셨네?"

채도 얼떨떨한 듯 고개를 끄덕였다.

"마치 천동설만이 유일했던 세계에 코페르니쿠스가 처음 지동설을 제시한 것 같은 충격인데요?"

칸트는 일행과 다정한 악수를 나누고는 다시 빠른 걸음으로 산책을 했다. 심장이 존재하지 않는 피노지만 이 순간만큼은 두근거림이 느껴지는 듯 가슴에 손을 대고 멀어지는 칸트의 뒷모습을 보고 있었다.

알파는 피노를 꼭 인간으로 만들어 줘야겠다고 다짐했다. 그 순간 알파의 옷 속에서 마스터가 찍 소리를 내며 물었다.

"그런데 너 말야, 그럴 능력은 있는 거야?"

알파는 자신의 손을 가만히 내려다보았다. 과연 알파에겐 어느 정도의 능력이 남아 있을까?

오랜 논쟁이 종결되다

○ 합리론+경험론

합리론과 경험론은 아주 오랫동안 서양 철학의 흐름을 이끌었어요. 그 둘의 간극은 좁히기 어려워 보였지요. 이러한 상황에서 두 세계를 종합하며 소모적인 논쟁을 끝낸 인물이 등장했어요. 바로 임마누엘 칸트예요. 칸트의 업적은 '관념론'으로 잘 알려져 있어요. 무슨 무슨 '론'들이 너무 많이 나와 힘들다고요? 한 번 더 정리해 볼게요. 존재론과 인식론은 '질문'에 해당하고, 실재론, 관념론, 합리론, 경험론은 그 질문에 대한 '대답'이에요.

실재론에 대해서는 여러분들도 이미 알고 있어요. 플라톤의 이데아나, 합리론자들이 말하는 수학 공식이나, 경험론자들이 말하는 자연과 같은 존재들은 모두 우리 외부에 있는 것들이지요. 그러니 실재론에 해당돼요. 하지만 관념론에서는 이 모든 것들이 나의 내면 세계에 있다고 말해요.

○ 사과는 어디에 있는가?

박쥐의 눈은 퇴화되어 앞을 볼 수 없어요. 대신 초음파를 통해 사물을 분간하지요. 박쥐는 음파를 발생시켜 그 음파가 되돌아오는 것을 귀로 듣고 세계를 파악해요. 박쥐는 사물의 색이나 모양을 눈으로 파악할 수는 없지만 박쥐의 뇌 안에는 분명 사과의 모습이 있을 거예요. 박쥐의 사과는 인간이 보는 사과와는 다르겠지요. 그렇다면 우리가 보는 형태와 색은 어디에서 나온 걸까요? 사과를 비롯한 모든 외부 세계는 결국 내 머릿속에 있는 게 아닐까요? 우리가 '본다'는 건 뇌가 해석한 것을 파악하는 것이니까요.

○ 코페르니쿠스적 통찰

칸트의 관념론은 무척 혁신적이었지요. 칸트는 이것을 스스로 '코페르니쿠스적 통찰'이라고 명명했어요. 코페르니쿠스가 천동설에서 지동설로 오래된 생각을 완전히 뒤집었듯이 칸트도 외부 세계의 존재를 내면으로 완전히 뒤집었고, 그 덕분에 진리를 드러냈다는 것을 자신 있게 표현한 것이지요.

나의 철학은 훗날 서양 철학의 주류가 되어 깊어졌고 헤겔이라는 철학자에 의해 완성되었지.

마스터의 보고서

칸트의 생애와 철학

임마누엘 칸트

임마누엘 칸트는 1724년 독일에서 태어났다. 그의 어린 시절은 그다지 특별하지 않았다. 아버지는 수레를 만드는 직공으로 그의 가정은 가난했다. 하지만 어머니는 아들의 교육을 중요하게 여겼고, 그런 부모님 밑에서 칸트는 성실함과 근면함을 배우며 성장했다.

칸트는 어린 시절부터 공부를 좋아했고, 대학에서 철학, 수학, 과학을 배웠다. 하지만 가난 때문에 학업을 중단하고 가정교사를 하며 생계를 이어 가야 했다. 이후 노력 끝에 다시 대학으로 돌아와 교수가 되었고, 평생을 연구와 강의에 바쳤다. 칸트는 매우 규칙적인 생활 습관을 가진 것으로 유명하다. 매일 같은 시간에 일어나고, 같은 시간에 연구했으며, 정해진 시간에 산책을 나갔다. 심지어 그가 산책하는 시간이 되면 마을 사람들이 시계를 맞췄다는 이야기까지 전해진다. 칸트는 검소하고 청빈한 삶을 살았으며, 화려한 생활보다 진리를 탐구하는 것을 더 중요하게 여겼다.

칸트 이전의 철학은 크게 두 가지 흐름으로 나뉘었다. 데카르트, 스피노자, 라이프니츠가 이끈 '합리론'은 이성을 중요하게 여기는 철학이었다. 한편 '경험론'은 베이컨, 로크, 흄이 이끌었고 경험을 중요하게 여기는 철학이다. 칸트는 이 두 가지 철학의 한계를 보완하며 새로운 철학을 만들었다. 그는 '우리는 감각을 통해 세상을 알고 우리의 이성은 그 정보를 조직하고 해석한다'고 보았고 이를 '관념론'이라고 이름 붙였다. 그는 이런 철학적 관점을 바탕으로 《순수이성비판》을 집필했으며, 이후 《실천이성비판》과 《판단력비판》을 통해 도덕과 미학에 대한 철학도 발전시켰다. 또한, 칸트는 도덕과 윤리를 철학적으로 정리하여, 인간이 어떻게 살아야 하는지 깊게 고민했다.

칸트의 묘비명 '나에게 깊은 경이로움을 주는 두 가지는 끝없이 펼쳐진 우주와 내 안에 자리 잡은 도덕 법칙이다'라고 적혀 있다.

"Es ist gut.(좋았어.)" 임종을 앞둔 칸트의 마지막 말로 알려져 있어요.

Break Time
숨은 그림 찾기

어느 이른 아침, 채의 카페를 찾은 칸트는 알파와 채, 피노를 만나 철학적 대화를 나누게 되었어. 이 카페 안에 숨은 그림 열 가지가 있다는데 함께 찾아 줄래?

숨은 그림: 열쇠, 칫솔, 모자, 촛불, 펜, 체리, 알약, 편지봉투, 사다리, 숟가락

신은 죽었다

　채 일행은 유럽에서도 근대화가 상당히 많이 진행된 한 도시를 걷고 있었다. 이곳 토리노는 이미 교통이 발달해 시내 곳곳에 철도가 놓였고, 도시 주변엔 공장들이 즐비하게 들어서 있었다. 이 도시의 많은 사람들이 산업화를 통해 부를 쌓았지만 그렇지 못한 사람도 여전히 많았다.

마부는 마차에서 내려 말을 강하게 끌어 보았다. 하지만 늙은 말은 이미 기운이 다 빠진 듯 고개만 푹 숙였다.

"마부! 안 갈 거야?"

귀부인이 마차 안에서 날카로운 목소리로 외쳤다. 마부는 채찍을 꺼내어 말에게 휘갈겼다. '철썩' 공기를 가르는 서늘한 소리에 말은 떨리는 발을 앞으로 내밀었다. 하지만 진창에 빠진 무거운 마차를 끌기엔 역부족이었다.

"이 녀석, 어서 가지 못 해?"

그는 말을 붙잡고 한참을 흐느껴 울었다. 마차 속 부인은 계속 소리를 질렀지만, 마부는 아무 말없이 손에 든 채찍을 툭 내려놓았다. 그때였다. 한참을 울던 남자가 갑자기 의식을 잃고 앞으로 스르륵 고꾸라졌다.

"이보세요! 괜찮으세요? 정신 좀 차려 보세요!"

피노가 달려가 쓰러진 남자를 흔들며 소리 질렀다. 그러나 남자는 완전히 정신을 잃은 것 같았다. 채가 가까이 다가가 확인하니, 호흡조차 멈춰 있는 상태였다.

"의식이 없어. 이대로 두면 위험해!"

"안 돼요! 알파 님! 살려 주세요!"

거리에는 보는 눈이 너무 많았다. 알파는 일단 남자를 들쳐업고 인적이 드문 곳으로 달려갔다. 알파와 채는 한적한 숲길에 남자를 눕히고 심폐소생술부터 했다. 그 순간 채는 그가 누구인지 바로 눈치챌 수 있었다.

 '나에게 이 사람을 살릴 능력이 있다면……, 피노도 인간으로 만들어 줄 수 있지 않을까?'

　알파는 손가락을 활짝 펴 보았다. 말로 표현하기 어려운 거대한 힘이 손안에 차오르는 것 같았다. 알파는 정신을 집중하여 니체의 심장에 손을 댔다. 그러자 놀라운 일이 일어났다. 마치 전기에 감전된 듯 그의 영혼으로 빨려 들어간 느낌이었다.

　많은 일들이 알파의 눈앞을 스치고 지나갔다. 목사의 아들로 태어나 작은 손을 모으고 기도하는 귀여운 소년, 신학을 공부했지만 커 가면서 신에 대한 의구심을 키우는 청년, 철학과 음악을 함께 공부하던 친구와 우정을 쌓다가, 그와 싸우고 절연하는 젊은이, 고전문학 교수가 되었지만 철학에 빠져 밤새 책을 읽는 중년의 남자, 그가 외롭게 혼자 생을 마감하는 장면까지……. 마치 빠르게 영상을 돌려보기 한 것처럼 한 사람의 인생을 속도감 있게 살아 본 느낌이었다.

몸 안의 에너지가 다 빠져나간 것 같아 알파는 숨을 헐떡였지만 창백했던 니체의 얼굴엔 어느덧 붉은 혈색이 돌고 있었다. 그는 자세를 고쳐 앉더니 투덜거렸다.

"후우, 지겨워. 또 반복이군. 벌써 79번째야!"

니체는 알파의 눈을 똑바로 바라보더니 피식 웃었다.

"당신이 날 살린 모양이군."

"뭐, 그런 셈이죠?"

알파가 멋쩍게 머리를 긁적이자 니체는 냉큼 이렇게 물어보는 것이었다.

알파가 굳이 이 사실을 숨긴 적은 없었지만 난생 처음 본 사람에게 정곡을 콕 찔리니 당황스러운 게 사실이었다.

"그, 그걸 어…, 어떻게?"

그러자 니체가 낄낄 웃는 것이었다.

"놀라긴~. 장난 좀 친 걸 가지고."

　니체의 말에 어쩐지 알파의 등골이 오싹해졌다. 알파는 신이었다. 하지만 그 역시 한때 신을 죽이는 것을 선택한 적이 있었다. 알파는 근대 이성의 힘으로 중세의 신을 몰락시켰던 그 순간을 떠올리며 흠칫 몸을 떨었다. 하지만 지금은 미미한 자신의 신적 능력을 모두 끌어와 죽어 가는 사람을 살려 주었는데 다짜고짜 이런 소리나 듣다니, 괜히 울컥했다.

　"헐, 무슨 소리예요? 신이 왜 죽어요?"

　"우리 유럽이 왜 이렇게까지 병들었는지 알고 있소?"

 니체의 눈은 형형하게 빛나고 있었다. 채와 알파, 그리고 피노는 니체의 말에 조금씩 빠져들었다.
 "나는 두 개의 족보를 찾아냈지. 바로 노예의 도덕과 주인의 도덕이라네."

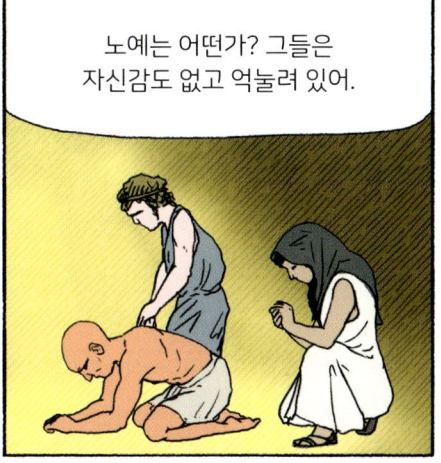

 "결국 그들은 기독교의 가치로 도덕을 뒤집어 버렸어. 겸손, 근면, 친절, 순종, 질서에 순응……. 이런 나약한 것들이 도덕적이라고 포장한 거야. 노예의 도덕? 흥, 그건 왜곡된 도덕이지. 우리는 주인의 도덕을 회복해야 해……, 으윽!"

 목소리를 높여 신랄하게 비판하던 니체는 갑자기 심장을 움켜쥐고 자리에 털썩 주저앉았다.

"이봐요! 괜찮으세요?"

채가 달려가 쓰러지려는 니체를 부축했다. 그러자 고통스러워하던 니체가 채의 품에서 낄낄 웃기 시작했다.

"크크크, 이봐, 내가 비밀 하나 알려 줄까?"

채와 피노가 보기에도 니체는 정말 정신이 오락가락하는 것처럼 보였다.

"우리가 신을 죽이다니……."

어느덧 그의 눈에서 굵은 눈물 방울이 툭툭 떨어지고 있었다.

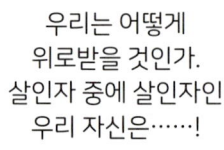

마지막 말을 마친 니체는 채의 팔에 툭 머리를 대더니 풀썩 주저앉았다. 또다시 정신을 잃고 쓰러진 것이었다.

"이봐요! 정신 차려요!"

채가 다급하게 그의 몸을 흔들었지만 소용없었다.

"어서 가까운 병원으로 가서 치료를 받아야 해요."

주저할 새가 없었다. 알파는 니체를 업고 달리기 시작했다.

　며칠의 시간이 지났다. 따뜻한 햇살이 병원 정원을 비추는 어느 오후, 휠체어에 앉은 니체는 어린아이와 같은 천진난만한 표정으로 정원에 핀 꽃들을 바라보고 있었다. 알파와 채, 피노는 짧은 시간 동안 몰라보게 수척해진 니체의 모습을 조용히 지켜보았다. 그의 몸은 깨지기 쉬운 유리조각처럼 위태로워 보였다. 피노는 준비한 꽃을 들고 그에게 다가갔다.

　"후후, 나에게 주는 거니?"

　느릿한 니체의 물음에 피노는 고개를 끄덕였다.

니체는 멍한 눈으로 하늘을 보며 쓸쓸하게 중얼거렸다.

"내가 망치를 들고 때려 부수려고 한 건 도덕만이 아니었다네. 이 세계를 이루고 있는 전통 철학이나 사상들도 모두 때려 부수고 싶었지. 우리가 실제로 살고 있는 이 비참한 현실엔 천국도 없고, 이데아도 없으니까."

 "하나의 삶이 끝나면 모든 것을 마무리하고 편히 쉴 수 있으면 좋으련만, 우린 다시 태어나야 하기 때문이지."

 니체는 지난번과 마찬가지로 알쏭달쏭한 이야기를 했다.

 "다시 태어난다는 게 무슨 소리죠? 원래 인생은 한 번 살면 끝 아닌가요?"

 알파가 묻자 니체는 천천히 고개를 저었다.

 "아니, 우주는 유한한 에너지를 가진 유한한 존재니, 무한히 긴 시간 속에서 사건은 되풀이될 수밖에 없다오."

니체는 끔찍하다는 듯 고개를 흔들며 말했다.

"인간은 죽으면 다시 태어나, 또다시 어린 시절을 보내고, 공부하고, 사랑하고, 일하고, 또 아이를 낳고, 돈을 벌다가 늙어서 또다시 죽어야 하지."

하지만 그 말을 들은 피노의 머릿속에 떠오른 것은 고단한 발걸음으로 집으로 향하는 마부와 늙은 말이었다. 종일 짐을 나르고 채찍질 당하고, 다시 일하고, 또 맞는 운명. 그들에게도 정원을 가꾸듯 사랑스럽게 인생을 가꾸라고 말할 수 있을까?

니체는 별다른 말이 없었지만 여전히 빛나는 그의 눈빛은 그럼에도 불구하고 생을 긍정하는 것 같았다.

"피노……, 이제 가야 해."

채와 알파가 재촉하자 피노는 말없이 차원의 문을 열었다. 그들은 멍하니 앉아 있는 니체를 남겨 놓은 채 다음 시대로 발걸음을 향했다.

니체가 서구 사회를 비판하다

○ 회의주의 - 포스트모더니즘

근대 이후 서양 철학은 절대주의와 상대주의의 종합으로 나아갔어요. 이와 동시에 회의주의적인 사조도 유지되고 있었어요. 이런 흐름은 철학사의 거인 니체에 이르러 자리를 잡게 되지요. 니체의 회의주의는 결국 중세의 종교와 근대의 이성을 모두 거부하고, 포스트모던이 등장하는 길을 열어 주었어요.

○ 망치를 든 철학자

19세기에 활동한 프리드리히 니체의 별명은 '망치를 든 철학자'였어요. 그는 별명처럼 서구 문화 전체를 뒤집어엎으려고 했지요. 니체는 유럽 사회를 병들고 건강하지 못한 사회라고 생각했어요. 병의 원인은 플라톤에서부터 시작하는 이성 중심과 예수 이후의 기독교 사상이었어요.

먼 옛날, 고대에 지배 계급은 자유롭게 법을 만들거나 폐기하였고, 누군가에게 구속받지도 않았어요. 니체는 이것을 '주인의 도덕'이라고 보았어요. 주인의 도덕은 건강한 도덕이지요. 반면 노예는 주인에게 겸손, 근면, 친절, 순종, 순응해야 했지요. 니체는 이것이 건강하지 않은 '노예의 도덕'이라고 규정했어요. 하지만 니체는 기독교가 겸손, 근면, 친절, 순종, 순응과 같은 노예의 도덕을 '선'으로 바꾸고, 진취성, 결단력, 창조력 같은 주인의 도덕을 '악'으로 바꾸었다고 봤어요. 기독교가 이러한 선악 개념을 굳건하게 다졌고, 유럽인들에게 왜곡된 도덕관을 심어 주었다는 것이죠.

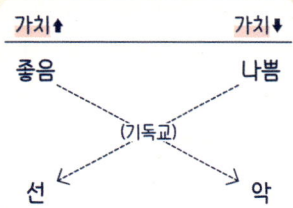

○ 차라투스트라는 이렇게 말했다

그럼 어떻게 인류를 다시 건강하게 바꿀 수 있을까요? 니체는 이에 대한 처방으로 그의 책 《차라투스트라는 이렇게 말했다》에서 '초인사상'과 '영원회귀' 개념을 선보였어요. 영원회귀는 지금 자신의 삶이 무한히 반복된다는 생각이에요. 반복엔 목적이나 이유가 없어요. 자칫 아주 허무해 보이지만 니체는 허무를 딛고 삶을 변화시켜야 한다고 말해요. 불확실한 목표를 향해 지금을 희생하는 게 아니라 지금 이 순간을 가장 가치 있게 창조해야 한다고요. 이러한 삶의 비밀을 깨달은 존재가 바로 '초인'이에요. 초인은 자신의 삶을 주체적으로 개척하며, 운명을 사랑하고, 창조적 에너지를 발휘하는 사람이랍니다.

마스터의 보고서

포스트 모더니즘이란 무엇인가?

과거 사람들은 세상의 모든 일을 신의 뜻으로 설명했다. 하지만 19세기 후반부터 20세기 초반, 과학과 기술이 발달하면서 이성과 합리성이 중심이 되는 시대가 열렸다. 사람들은 인간의 이성으로 더 나은 세상을 만들 수 있다고 믿었는데 이러한 사상적 흐름을 '모더니즘'이라고 한다.

이 시기에는 철도, 자동차, 전기 같은 기반 시설이 빠르게 발전했고, 도시

모더니즘의 대표 건축물 바우하우스 '실용적인 것이 아름답다'는 철학으로 단순한 직선과 기능성이 강조되었다.

의 규모도 확장되었다. 전염병 치료법도 개발되면서 신이 아니라 인간의 힘으로 문제를 해결할 수 있다는 자신감이 커졌다. 이에 따라 예술과 건축도 바뀌었다. 과거의 성당처럼 화려하게 장식된 건축물 대신 깔끔하고 기능적인 건물이 등장했고, 회화에서도 현실을 그대로 묘사하지 않고 화가의 시선과 생각을 강조하는 방향으로 변화했다.

그러나 20세기 중반, 이성을 향한 믿음은 흔들리기 시작했다. 두 차례의 세계 대전이 인류에게 큰 상처를 남겼던 것이다. 특히 아우슈비츠 같은 대량 학살은 사람들에게 충격을 주었다. 이제 사람들은 과학과 합리성이 정말 인간을 더 나은 세상으로 이끌 수 있는지 의문을 갖기 시작했다. 그 결과, 하나의 거대한 진리보다 다양한 생각들과 각자의 경험이 더 중요하다고 생각하게 되었다. 과거에 진리라고 믿었던 것들도 사실은 권력자들이 만들어 낸 사상일 수도 있다는 의심도 생겨났다. 이렇게 기존의 생각을 해체하고, 절대적인 진리 대신 다양한 해석과 가치를 인정하는 사상을 '포스트모더니즘'이라고 한다. '포스트'는 '다음'이라는 뜻으로, 말 그대로 모더니즘 이후의 사상이란 뜻이다.

포스트모더니즘을 대표하는 회화 작품 〈L.H.O.O.Q〉 마르셀 뒤샹의 작품으로 모나리자에 콧수염을 그려 넣으며 전통 미술을 비틀고 조롱했다.

Break Time
내 하루가 영원히 반복된다면?

철학자 니체는 우리들의 일생이 무한 반복된다는 '영원회귀' 사상을 이야기했어. 같은 인생을 여러 번 살면 어떤 느낌일까? 한 아이의 일기를 읽어 보고, 이 하루가 영원히 반복된다면 무엇이 만족스러운지, 무엇을 바꾸고 싶은지 내 생각을 적어 보자.

지산이의 일기

오늘도 늦게 일어나서 대충 씻고 학교에 갔다. 내 짝인 태림이가 수업 시간에 그림 그리는 걸 도와달라고 했는데 오늘따라 귀찮았다. 그래서 그냥 싫다고 대답했다. 평소에 잘 웃던 태림이가 시무룩해 하는 모습을 보니 괜히 내 마음도 불편했다. 그냥 좀 도와줄 걸 그랬나?

하교 후에는 학원을 갔는데 주말 동안 숙제를 깜빡하고 안 한 게 생각났다. 물론 선생님께도 한소리 들었다. 그냥 금요일에 생각났을 때 해 버릴걸. 괜히 미루다가 까먹은 것이다.

터덜터덜 힘들게 집에 들어오니 엄마가 간식으로 귤을 주셨다. 내가 제일 좋아하는 귤! 내 몫으로 두 개를 받았지만 동생이 먹고 싶어 하는 눈으로 쳐다보기에 하나를 나누어 주었다. 동생이 엄청 좋아하는 걸 보니 꽤 뿌듯했다.

- 이 하루가 영원히 반복된다고 했을 때, 후회되거나 만족스러운 부분은 무엇일까? 반복되는 하루를 조금 더 좋은 방향으로 바꾸기 위해 무엇을 해야 할지 생각해 보자.

후회되는 부분 : _____

만족스러운 부분 : _____

_____

_____

_____

5 실존주의
사르트르의 우산

　거친 폭풍우처럼 빠르고 무섭게 현대가 시작되었다. 전투기가 하늘을 새까맣게 뒤덮었고, 커다란 포탄들이 도시 위에 떨어졌다. 많은 사람들이 순식간에 죽음을 맞이하였다. 하지만 그 누구도 신을 찾거나 기도하지 않았다. 신과 이성이 있던 자리를 자본이 차지했기 때문이었다.

　채 일행은 재즈 음악과 크로와상 향기가 은은하게 퍼지는 1950년대 파리의 골목을 천천히 걷고 있었다. 그러나 주변의 활기와는 다르게 피노는 힘없이 축 쳐져 있었다. 인간의 삶에 대한 고민이 많아진 모양이었다.

알파는 피노의 어깨에 손을 올리고 토닥토닥 두드려 주었다.

"피노, 벌써 현대에 도착했어. 네가 인간이 될 날도 얼마 안 남았단 뜻이겠지? 전쟁은 끝났고 인간은 더 새로운 모습으로 진보할 거야. 그동안 철학 공부하느라 고생 많았다, 하핫!"

알파는 활짝 웃었지만 피노는 고개를 푹 숙이고 힘없는 목소리로 대답했다.

"네……. 그럼 저는 먼저 좀 가 볼게요."

　피노가 보기에 인간들은 매일 아침 일어나 고통스럽게 일하며 돈을 버는 것 같았다. 그들은 고통과 맞바꾼 돈으로 상점에 장식된 물건을 샀다. 더 비싼 물건, 더 좋은 성적, 더 많은 인정을 얻기 위해 모든 것을 걸었고, 그 누구도 삶의 의미는 찾지 않는 것 같았다. 다들 왜 저렇게 사는 것일까? 인간의 인생에는 어떤 의미가 있을까? 피노는 이해하기 어려웠다. 현대 사회는 이해할 수 없는 부조리로 가득 차 있었다.

피노는 파리 시내를 한번에 내려다볼 수 있는 높은 언덕으로 올라갔다.

그때였다. 한 노인이 무거운 수레를 끌고 언덕을 올라오고 있었다.

수레에는 채석장에서 채취한 돌이 가득 들어 있었다.

무겁겠다….

그는 채석장의 돌을 파리 시내로 옮기는 일꾼이었던 것이다.

그 장면은 피노의 가슴에 깊은 인상으로 남았다.

피노는 다음날도 그 다음날도 언덕에 올랐다. 노인 역시 매일 같은 시간에 채석장의 돌을 파리 시내 공사 현장으로 날랐다. 무거운 수레를 끌고 언덕을 넘어 겨우 돌을 옮기면, 다시 빈 수레를 끌고 돌을 채우러 채석장으로 향해야 했다. 아무 의미도 가치도 없는 고된 노동의 반복. 피노는 그의 삶이 허무하게 느껴졌다.

피노는 시지프스가 누구인지 잠시 내장된 데이터를 검색해 보았다. 그는 그리스 로마 신화에 나오는 인물이었다.

신들을 농락한 죄로 산 정상까지 바위를 밀어 올려야 하는 형벌을 받은 시지프스.

그러나 그가 정상에 도착하면 애석하게도 바위는 다시 굴러떨어진다.

피노는 남자를 바라보며 또박또박 말을 이었다. 어쩐지 속마음을 털어놓아도 될 것 같은 사람이었다.

"그러네요. 바위가 떨어지면 시지프스는 다시 바위를 굴려서 산꼭대기까지 올려야 해요. 하지만 어차피 바위는 또 떨어지겠죠. 그동안 흘린 땀에 대한 보람도 없이 말이에요. 고단하고 허무한 삶을 반복해야 하는 운명이에요."

저 노인도, 인간들도, 모두 시지프스 같아요. 대체 왜 이런 무의미한 삶을 살아야 하는 걸까요?

"난 그냥 이곳저곳을 돌아다니는 사람이야. 꼭 어딘가에 정착해야만 하는 건 아니잖니? 우리 인생도 언제든 떠날 수 있는 임시 거처이니 말이다."

그는 빙그레 웃으며 파이프를 물더니 다시 훌쩍 떠날 것처럼 옷매무새를 가다듬었다.

"그럼 또 보자꾸나. 아, 내 이름은 사르트르란다."

"요즘 피노는 어때? 아직도 우울한 상태인가?"

알파는 피노가 은근히 걱정되는지 채에게 물었다.

"매일 아침 눈을 뜨면 숙소를 나가 파리 시내의 언덕을 오르더라고요. 저녁 때 더욱 기운이 없어져서 돌아오고요."

"그래? 참나, 열심히 공부하더니 왜 이제 와서……."

알파는 한숨을 쉬며 자신의 손을 바라보았다.

알파는 자신의 행성을 떠올렸다. 그곳에도 공룡이 번성했던 적이 있었다. 공룡뿐이던가. 행성의 하늘과 육지, 바다까지 장악하였지만 홀연히 사라져 버린 생명체들이 많았다. 새로운 생명이 나타났을 때의 기쁨을 생각하면 지금 허무한 마음이 드는 건 어쩔 수 없었다. 그의 행성에 인간이 가득 차는 날이 오더라도, 똑같은 허무를 느끼게 될까?

피노는 오늘도 어김없이 언덕에 서 있었다. 역시나 노인이 무거운 수레를 힘겹게 끌며 다가왔다. 꽤 많은 양의 비가 쏟아지는데도 노인은 비틀거리며 수레를 끌었다. 젖은 땅은 질척거렸고, 노인은 평소보다 힘겨워 보였다. 피노의 눈에도 눈물인지 빗방울인지 알 수 없는 것들이 떨어지고 있었다.

사르트르라는 이름의 남자를 보자마자 피노는 참았던 설움이 갑자기 복받쳐 오르는 것 같았다. 피노는 울먹거리면서 마음에 담아 온 이야기를 쏟아 내기 시작했다.

"아저씨……, 저는 감기 같은 건 안 걸려요. 인간이 아니거든요! 흑흑, 그렇다고 감정이 아예 없는 것도 아니에요. 저는 기계도 인간도 아니라고요! 도대체 저는 뭐죠? 제 본질이 무엇인지 저도 모르겠어요! 흐흐흑."

사르트르는 피노의 말에 대답하기는커녕 계속 들이치는 빗방울을 손수건으로 닦느라 정신이 없었다.

"참나, 왜 이렇게 비가 계속 들이치나 했더니, 우산이 찢어져 있었구먼."

"왜? 내가 틀린 소리 했니? 생각해 보렴. 의자의 본질은 앉는 것이고, 우산의 본질은 비를 막는 것이고, 가방의 본질은 물건을 담는 거야. 그렇지?"

사르트르는 울고 있는 피노에게 넌지시 물었다.

"그럼 문제 하나 내마. 인간의 본질은 무엇일까?"

피노는 화들짝 놀라서 외쳤다.

"네에? 인간에게 본질이 없다고요? 그럼 인간은 왜 살아가야 하는 건데요?"

빗소리가 점차 거세졌다. 사르트르는 후드득 떨어지는 빗소리보다 더 큰 소리로 외쳤다.

"인간 중에서 자기가 태어나고 싶어서 태어난 사람이 있을까? 우리 모두는 그냥 태어나진 거야!"

너 또한 그렇지 않니? 우리는 그저 세상에 내던져진 *피투성 존재다.

그렇기에 규범도 제약도 없어. 우린 모두 자유야. 내던져진 우리에게 대단한 사명 따윈 없다고.

*피투성 : 자신의 의지와 상관없이 세상에 던져진 존재

그러나 이내 다시 갑갑해졌다. 완전한 자유는 오히려 두려움에 가까운 감정이었다. 무엇부터 어떻게 해야 할지 좀처럼 알 수 없기 때문이다.

사르트르는 피노의 마음을 읽기라도 한 것처럼 말을 이었다.

"자유가 마냥 좋은 건 아니야. 오히려 부담스럽지. 그래서 우리 인간은 자유를 '선고받았다'라고 말할 수 있단다."

"어때, 꼬마야. 너도 불안하니?"

사르트르는 떨고 있는 피노에게 다정하게 말을 걸었다.

"네! 불안해요! 정말 이렇게 불안해야 하는 게 맞아요? 정말로 삶에 정답이란 없는 걸까요?"

"아니야. 사실은 모든 것이 다 정답이란다. 너에게 가장 가치 있는 것이 곧 정답이지."

*기투 : 현재를 초월하여 미래로 자기를 내던지는 존재 방식

어느 순간 비는 그쳐 있었다. 하늘이 서서히 밝아지는 동안 사르트르는 고장 난 우산을 들고 터벅터벅 언덕을 내려갔다. 하지만 피노는 한참을 그곳에 서 있었다.

"대신 삶의 의미를 다른 곳에서 찾을 순 있겠네요. 자, 보세요. 고통스럽게 반복되는 제 일상에도 충분히 반짝반짝 빛나는 순간은 존재한답니다."

노인은 고개를 돌려 주변을 보았다.

"봄날엔 이 돌 틈에서도 꿋꿋하게 피어나는 민들레와 그 주변을 맴도는 벌, 여름날엔 푸른 나뭇잎과 시원한 바람을 만나곤 해요. 매일 저녁, 고통스럽게 올라간 언덕 꼭대기에서는 선물 같은 석양을 볼 수 있지요. 그 풍경이 얼마나 아름다운지 몰라요. 민들레처럼, 벌처럼, 나무와 바람처럼, 그리고 노을처럼 나의 허무한 인생도 누군가에겐 선물이 되어 주겠지요?"

채와 알파는 노인의 말에 그 어떤 대꾸도 할 수 없었다. 노인의 한마디는 그 어떤 철학자의 말보다 더 큰 무게로 그들의 가슴에 파고 들었다. 무거운 수레를 끌고 언덕 꼭대기에 이르자 정말로 그들 앞에 아름다운 노을이 펼쳐졌다. 무의미하게 반복되는 지구의 자전과 공전, 구름과 안개의 움직임이 눈물 날 정도로 아름다운 색으로 하늘을 물들인 것이다. 알파는 생각했다. 나의 행성에도 나만의 의미를 부여한다면 인간이 나타나 주지 않을까? 하루하루 최선의 선택을 해 나간다면 그곳에 던져진 존재들을 만날 수 있지 않을까?

"고맙습니다, 친절하신 분들."

노인은 낯선 젊은이들에게 감사의 인사를 하고는 다시 수레를 끌었다. 채와 알파가 노인의 뒷모습을 바라보고 있을 때였다. 반대편에서 그들을 부르는 목소리가 들렸다.

"알파 님! 채사장님! 마스터!!"

피노였다. 모든 것이 해결된 듯 홀가분하고 밝은 얼굴이었다.

"피노! 어디에 있었어? 비 많이 맞았지?"

"피노, 나 준비 다 됐거든? 지금 당장 인간으로 만들어 줄게!"

"중요한 것은 인간이냐 아니냐가 아니에요. 제가 바로 지금, 여기 있다는 거잖아요!"

알파와 채는 깜짝 놀라 피노를 바라보았다. 피노는 그 어느 때보다 행복하고 확신에 찬 얼굴이었다.

"알파 님, 채사장님! 저 이제 리사 박사님께 돌아갈게요. 그곳에서 제가 해야 할 일을 찾아서 해 나갈 거예요!"

채는 기쁘면서도 서운한 생각이 들었다. 그럼 이제 어떻게 되는 걸까? 이 여행이 끝나면 알파는 어디로 갈까? 다시 지구에서 예전처럼 함께 카페에서 일하며 사람들을 도울 수 있을까? 채는 간절한 눈빛으로 알파를 바라보았다.

다양하고 다채로운 이념과 사상

칸트가 합리론과 경험론을 종합하고, 니체가 서구 사회의 실상을 파헤친 이후, 현대철학은 절대주의와 상대주의가 뒤섞인 모습으로 발전했어요. 다양한 철학자들이 등장하여 지금의 사상에 중요한 영향을 끼쳤지요.

○ 하이데거와 비트겐슈타인

20세기 독일에서 활동한 철학자 하이데거는 고대 이후에 다뤄지지 않았던 '존재'라는 무거운 주제를 다시 꺼내 들었지요. 하이데거는 책《존재와 시간》을 통해 존재를 단순한 개념이 아니라, 시간 속에서 드러나는 인간의 경험과 연결했어요.

비트겐슈타인은 20세기 오스트리아에서 활동한 철학자로, 언어가 우리의 생각을 어떻게 형성하는지 탐구했어요. 그는 《논리철학 논고》라는 책에서 "말할 수 없는 것에 대해선 침묵해야 한다"는 유명한 말을 남겼지요.

○ 실존주의

실존주의는 세계 대전과 냉전 이후 불안한 사회적 분위기에서 탄생했어요. '실존'의 의미를 이해하려면 존재를 구분할 줄 알아야 해요. 세상의 모든 것은 두 가지 방식으로 존재하지요. 하나는 '본질'로서 존재하고, 다른 하나는 '실존'하는 거예요.

의자의 본질은 '앉는 것'이에요. 의자의 다리가 부러져 '앉는 것'이라는 본질을 잃어버리면 사람들은 그 의자를 내다 버리겠지요? 하지만 인간은 어떤가요? 인간의 본질은 무엇일까요? 인간은 지능이 낮거나 생각이 서툴더라도, 직립보행을 못하거나 신을 믿지 않더라도 본질을 잃었다고 말할 수 없어요. 인간처럼 그 자체로 존재하는 것이 바로 '실존'이에요.

하지만 이 사회는 실존적 존재인 인간을 억압하고 규정하고 있어요. 국가, 사회, 가족, 관습, 종교, 도덕, 철학, 과학은 인간을 국민으로, 아들과 딸로, 회사원이나 학생과 같은 본질로 규정했지요. 우리에게 뒤집어씌워진 본질을 하나씩 벗겨 내고 규정과 억압으로부터 자유로워지면 딱 세 가지만 남게 되지요. '내가', '지금', '여기' 있다는 사실이에요. 인간은 절대적으로 자유롭고 실존하는 존재랍니다.

현대철학을 이끈 철학자들

마르틴 하이데거

1889년 독일에서 태어난 하이데거는 젊은 시절부터 철학에 몰두했고, 대표작 《존재와 시간》을 통해 유명해졌다. 하이데거는 우리는 매일 존재하지만 정작 존재 자체에 대해서는 깊이 고민하지 않는다고 생각했다. 하이데거는 현대에 들어 다시 존재에 대해 깊이 생각했고, 스스로의 존재에 대해 의문을 가지는 유일한 존재자인 인간에 대해 탐구하였다.

루트비히 비트겐슈타인

비트겐슈타인은 천재적인 두뇌와 괴짜 같은 성격으로 유명하다. 그의 대표작 《논리-철학 논고》는 전쟁 중 군에 자원 입대한 그가 포로로 잡혀 있는 동안 쓴 논문으로 알려져 있다. 비트겐슈타인은 우리가 세상을 이해하는 방식은 결국 '언어'를 통해서라고 생각했다. 언어를 단순한 단어들의 조합이 아니라 우리가 세상을 이해하는 방식 자체로 본 것이었다. 그의 후기 철학을 대표하는 저서 《철학적 탐구》는 스스로 《논리-철학 논고》를 반대하며 쓴 책으로 철학사에서 매우 중요한 책으로 남아 있다.

장 폴 사르트르

사르트르는 철학자인 동시에 사회운동가이자 소설가였다. 그는 적극적으로 정치에 참여하면서 억압받는 사람들을 위해 싸웠고, 미국의 베트남 전쟁 반대와 같은 현실 문제에 적극적으로 목소리를 냈다. 소설 《구토》, 희곡 《닫힌 방》처럼 실존주의 철학 사상이 드러나는 문학 작품으로도 유명하다. 1964년 사르트르는 노벨 문학상 수상자로 선정되었으나 그는 권위 있는 기관이 사람을 평가하는 것을 원하지 않는다는 이유로 노벨상을 거부하였다. 1980년, 그의 장례식 행렬에는 약 5만 명의 사람들이 몰려와 파리 거리를 가득 채웠다고 한다.

Break Time
가로세로 낱말풀이

이번에도 열심히 철학 여행을 함께한 친구들, 모두 수고 많았어! 마지막으로 가로세로 낱말풀이를 통해 배운 것들을 확인해 보자.

[가로세로 낱말풀이 격자판 — 10×10 격자에 번호 ①~⑧(가로), ㉠~㉥(세로)이 표시되어 있음]

① 그리스 로마 신화에 등장하는 인물로 신들의 노여움을 사 바위를 언덕 위로 밀어 올리는 형별을 받는다.
② 철학자 니체는 기독교가 왜곡된 OO의 도덕을 근본으로 한다고 말하며, 주인의 도덕으로 거듭나야 한다고 주장했다.
③ 영국의 대법관이자 경험주의 철학자. "아는 것이 힘이다."라는 말로 유명하다.
④ 이미 알려진 판단을 근거로 새로운 것을 추론하는 방식.
⑤ "신은 죽었다."라고 선언한 독일의 철학자.
⑥ "나는 생각한다. 나는 존재한다."라는 말을 남긴 철학자.
⑦ 철학의 한 갈래로서 '어떻게 진리에 도달할 수 있는가?'에 대한 대답이다. 합리론과 경험론이 여기에 속한다.
⑧ '운명을 사랑하라'는 뜻의 라틴어로 철학자 니체의 영원회귀 사상의 결론이기도 하다.

㉠ 합리주의 대표적인 철학자로 전통적 개념의 신을 부정하고 자연과 모든 것에 신이 존재한다는 범신론을 주장했다.
㉡ 존재론을 연구한 현대 철학의 거장으로 주요 저서는 《존재와 시간》이다.
㉢ 특수한 사실에서 일반적인 결론을 이끌어 내는 방식. 연역법의 반대 개념이다.
㉣ 모더니즘 이후의 사상으로 인간의 이성과 진보를 믿는 모더니즘을 비판한 철학, 문화, 예술의 흐름이다.
㉤ 칸트가 정리한 이론으로 우리가 바라보는 세계는 우리 내면에 존재한다는 접근법이다.
㉥ 프랑스의 소설가이자 실존주의 철학자. "실존은 본질에 앞선다."라는 말을 남겼다.

지금, 여기,
내 삶에서

소크라테스부터 사르트르까지, 철학 모험을 마친 채는 다시 평온한 일상으로 돌아왔어. 지식 카페는 피노와 리사가 찾아왔던 예전 모습 그대로였어. 그는 추억이 남아 있는 카페에서 다시 커피를 내리고, 설거지를 하고, 손님들과 이야기를 나누고, 책을 읽었지. 외롭고 자유로운 날들이 이어졌어.

　겨울 공기가 살짝 무겁게 느껴지더니 흐린 하늘에서 하얀 눈꽃이 팔랑거리며 날아다녔어. 채는 창밖으로 펄펄 내리는 눈을 바라보면서 그리운 친구들을 생각했지.

채는 그리운 사람들을 생각하며 이 순간의 모든 것을 사랑스러운 눈으로 바라보았어. 카페에 흐르는 잔잔한 음악, 조용히 날리는 눈, 쌉싸래한 커피의 향기, 손님이 그림을 그리는 사각사각 소리.

하지만 갑자기 고요한 평화를 깨는 소리에 놀라서 보니,

잔뜩 기대에 찬 조금 이상한 소녀 손님과 나사 하나 빠진 것 같은 신, 알파. 눈 내리는 날 벌어진 이 특별한 만남에 채는 어안이 벙벙했어. 이때까지도 채는 전혀 눈치채지 못했지.

이 둘의 인연 속에 놀라운 비밀이 있다는 사실을.

여러분 안녕하세요? 채사장입니다.

우리는 알파, 채, 피노와 함께 근대부터 현대까지 철학 여행을 함께해 왔어요. 지금부터는 최종 정리를 통해 배운 것을 복습해 보아요.

르네상스와 함께 시작한 근대는 이성의 시대였어요. 철학이 다루는 이야기의 주제도 '진리는 무엇인가?'에서 '어떻게 진리를 찾을 수 있는가?'로 바뀌어 갔지요. 진리에 도달하는 방법을 탐구하는 분야를 인식론이라고 해요.

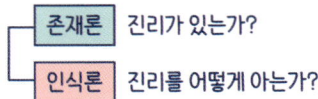

그 질문에 대한 답은 합리론과 경험론으로 나뉘지요. 합리론자들은 이성으로 진리를 추론할 수 있다고 했고, 경험론자들은 경험적 관찰로 진리를 알 수 있다고 주장했어요. 이 두 견해를 종합하여 등장한 관념론은 철학의 관심을 외부의 대상에서 인식 주체의 내면으로 바꾸었지요. 칸트의 관념론은 서양 철학의 흐름을 완전히 변화시켰어요.

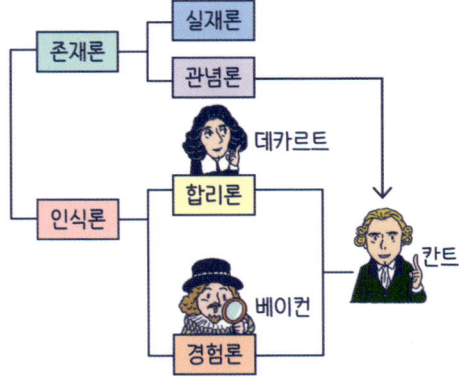

이러한 절대주의와 상대주의의 흐름과 함께 회의주의도 등장했어요. 니체는 서구 문화의 기반인 기독교의 실체를 파헤쳤어요. 이는 현대의 포스트모던이 등장하는 사상적 기반을 마련했지요.

> 생각하고 토론하기

근대인들은 '진리에 어떻게 도달할 수 있을까?'라고 궁금해했어요. 그리고 그에 대한 대답으로 합리론과 경험론을 발전시켰지요. 철학자들의 질문은 현대인인 우리가 세상을 보고, 사고하고, 판단하는 방식에도 큰 영향을 끼쳤답니다.

① 합리론자들은 이성과 논리로 진리를 찾으려고 했고, 경험론자들은 감각적 경험과 관찰을 통해 지식을 얻을 수 있다고 생각했어요. 여러분의 생각은 어떤가요? 합리론과 경험론 두 가지 입장 중 무엇이 우리가 진리를 파악하는 데 도움을 주고 있나요?

② 칸트는 우리가 보는 것은 실제 사물이 아니라 머릿속에 정리된 이미지를 보는 것이라고 했어요. 파란색 안경을 쓰고 보면 세상이 다 파랗게 보이는 것처럼요. 여러분은 '진짜로 본다'는 건 무엇이라고 생각하나요?

③ 사르트르는 '실존은 본질에 앞선다'라고 말했어요. 실존은 있는 그대로 존재하는 것이고, 본질은 어떤 쓸모를 위해 존재하는 거예요. 여러분은 '나' 자체로 실존하고 싶은데 그것을 방해받은 경험이 있었나요?

고대부터 현대까지의 철학사를 통해 절대주의, 상대주의, 회의주의의 입장을 살펴볼 수 있었어요. 이러한 입장은 예술의 역사에서도 볼 수 있어요. 이제 14권에서 멋진 예술가들을 만나 볼까요?

철학편 총정리

지적 대화를 위한 넓고 얕은 지식 여행을 함께해 온 친구들! 우리의 여행이 벌써 13권까지 이르렀어요. 이 시리즈의 12권과 13권에서는 철학의 역사를 다루었어요. 용어나 내용이 조금 어렵게 느껴졌어도 괜찮아요. 절대주의, 상대주의, 회의주의라는 세 가지 관점으로 철학의 큰 맥락을 살펴보고 여러분의 현실과 연결하면 되니까요.

우리는 '진리'에 대한 논의로 이야기를 시작했어요. 진리가 무엇인지는 정해지지 않았지만 진리를 바라보는 태도는 사람마다 달랐어요.

절대주의의 전통은 소크라테스와 플라톤에서 시작되어 중세의 교부철학과 실재론을 거쳐 근대 합리론으로 이어졌어요.

반면 상대주의는 아리스토텔레스에서 시작하여 중세의 스콜라철학과 유명론을 거쳐 근대 경험론에 와서 닿았지요.

합리론과 경험론을 종합한 인물이 칸트이고, 이후 헤겔과 마르크스와 같은 철학자들이 이를 이어 갔답니다.

회의주의는 소피스트, 쇼펜하우어, 니체, 실존주의로 이어지며 결국 현대의 포스트모더니즘의 길을 마련했지요. 이성이나 신, 국가나 전체보다 개인에게 집중한 회의주의는 다양한 사상과 이념이 함께할 수 있는 장을 만들어 주었답니다.

지금까지의 철학사를 정리해 보면 다음과 같아요.

	고대	중세	근대	현대
절대주의	플라톤	교부철학 – 실재론 – 합리론	칸트	하이데거
상대주의	아리스토텔레스	스콜라철학 – 유명론 – 경험론		비트겐슈타인
회의주의	소피스트		니체 – 실존주의 – 포스트모더니즘	

정답

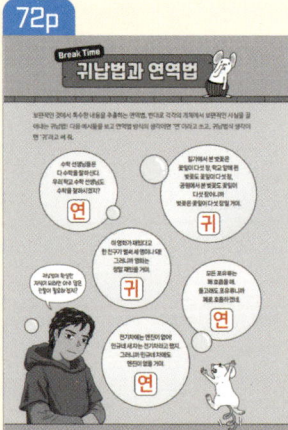

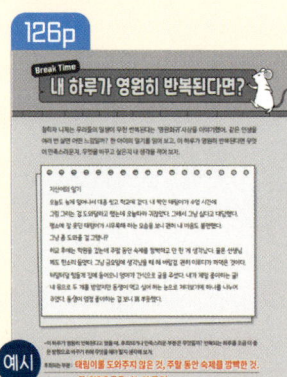

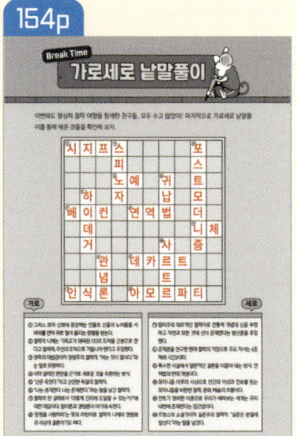

예술 여행에서 반가운 인물들을 만나게 될 거야. 기대해!